10 wortstark PLUS

Sprach-Lesebuch Deutsch
Differenzierende Ausgabe

Werkstattheft

mit Prüfungsvorbereitung

Schroedel
westermann

10 wortstark PLUS

Sprach-Lesebuch Deutsch
Differenzierende Ausgabe

Werkstattheft

Herausgegeben von
August Busse, Ingrid Hintz und
Peter Kühn

Erarbeitet von
August Busse, Ingrid Hintz,
Irmgard Honnef-Becker,
Peter Kühn, Gerd Ludwig und
Fritz Wiesmann

westermann GRUPPE

Druck A9 / Jahr 2022
Alle Drucke der Serie A sind im Unterricht parallel verwendbar.

Die Seiten dieses Arbeitshefts bestehen zu 100 % aus Altpapier.

Damit tragen wir dazu bei, dass Wald geschützt wird, Ressourcen geschont werden und der Einsatz von Chemikalien reduziert wird. Die Produktion eines Klassensatzes unserer Arbeitshefte aus reinem Altpapier spart durchschnittlich 12 Kilogramm Holz und 178 Liter Wasser, sie vermeidet 7 Kilogramm Abfall und reduziert den Ausstoß von Kohlendioxid im Vergleich zu einem Klassensatz aus Frischfaserpapier. Unser Recyclingpapier ist nach den Richtlinien des Blauen Engels zertifiziert.

Redaktion: Stefan Bicker
Herstellung: Andreas Losse
Illustrationen: Sabine Lochmann
Umschlaggestaltung und Layout: Janssen Kahlert Design & Kommunikation, Hannover (unter Verwendung eines Fotos: Mauritius)
Satz: Sandra Hammer, Winsen (Luhe)
Druck und Bindung: Westermann Druck Zwickau GmbH,
Crimmitschauer Straße 43, 08058 Zwickau

ISBN 978-3-507-**48236**-4

Textquellen:
S. 8: Aus: Julia Franck. Bauchlandung. Geschichten zum Anfassen. Köln: DuMont 2000; **S. 10:** Aus: Selim Özdoğan. Trinkgeld vom Schicksal. Berlin: Aufbau 2003. S. 51–53; **S. 13:** Aus: Franz Kafka. Beschreibung eines Kampfes. Novellen, Skizzen, Aphorismen aus dem Nachlaß. Hrsg. v. Max Brod. Frankfurt am Main: Fischer 1983. S. 87; **S. 14, 25:** Aus: Auf Live und Tod. Hrsg. von Raoul Hoffmann. Genf: Cosmo Press 1977; **S. 19:** Aus: Franz Hohler. Der Verkäufer und der Elch. Geschichten, Lieder, Szenen. Hrsg. von Annelie Wegener. Berlin: Henschelverlag Kunst und Gesellschaft 1987; **S. 20:** Aus: Mascha Kaléko. Das lyrische Stenogrammheft. © 1978 Rowohlt Taschenbuch Verlag GmbH, Reinbek bei Hamburg; **S. 22:** Aus: Gerrit Engelke. Das Gesamtwerk. Hannover: Postscriptum 1979; **S. 30:** Auszug aus: Stefanie Schramm/Claudia Wüstenhagen. Die tägliche Verführung. In: Zeit Wissen 3/2012. S. 14–17; **S. 35:** Aus: Zeit Wissen 3/2012. S. 22; **S. 41, 42, 43, 68:** Auszüge aus: Dirk Kurbjuweit. „Mein Herz hüpft". In: Der Spiegel 15/2012. S. 60ff.; **S. 55:** Zitate von Erich Kästner. Im Text M1: Z. 14–16 („Wenn ich 30 Jahre bin ...): Erich Kästner: Mein liebes, gutes Muttchen, Du! Briefe und Postkarten aus 30 Jahren. Ausgewählt und eingeleitet von Luiselotte Enderle: Hamburg: Knaus 1981. S. 40; Z. 27–29 („Ich bin ein Deutscher aus Dresden ...): Epigramm „Notwendige Antwort auf überflüssige Fragen". In: Erich Kästner: Werke. Hrsg. von Franz Josef Görtz. Bd. 1: Gedichte. München: Hanser 1998. S. 281; Z. 33–37 („Pinguin ist mein Name ..."): Pinguin. Für junge Leute. Hrsg. von Erich Kästner. Stuttgart: Rowohlt 1946; im Text M3, Z. 14–18 („Alles, was er zeichnete und malte ..."): Erich Kästner: Ein deutscher Kleinmeister aus Prag. In: Erich Kästner: Gesammelte Schriften. Zürich: Atrium 1959; **S. 56:** Aus dem Vorwort des Buchs: Erich Kästner. Als ich ein kleiner Junge war. Zürich: Atrium 2011; **S. 72:** „Ich lebe (fast) so wie früher". Aus: Dein Spiegel 10/2011. S. 24f.; **S. 76:** Leicht verändert und als Fehlertext aufbereitet nach: Eva Werner. Kirchenmalerin. In: handfest. Jugendmagazin des Handwerks 6/2005. S. 8f.

Bildquellen:
|action press, Hamburg: Stefan Gregorowius 46 .1. |akg-images GmbH, Berlin: 22 .1; Archiv Klaus Wagenbach 13 .1. |Andri Pol, Bern: 72 .1, 73 .1. |Archiv für Philatelie der Museumsstiftung Post und Telekommunikation, Bonn: 56 .1. |Atrium Verlag AG, Zürich, Hamburg: 55 .1; Illustration von Peter Knorr aus Erich Kästner: Als ich ein kleiner Junge war 57 .1. |Buck, Andreas, Dortmund: 4 .1. |Dressler Verlag GmbH, Hamburg: 55 .2. |Fabian, Michael, Hannover: 65 .1. |Imago, Berlin: Horst Galuschka 68 .1. |laif, Köln: Michael Trippel 41 .1, 42 .1. |mauritius images GmbH, Mittenwald: AGE Titel. |Michael Trippel: 43 .1. |Picture-Alliance GmbH, Frankfurt/M.: Arno Burgi 6 .1; picturedesk.com/Lipus, Marko 10 .1. |SPIEGEL-Verlag Rudolf Augstein GmbH & Co. KG, Hamburg: 38 .1. |ullstein bild, Berlin: 54 .1; Fotografisches Atelier Ullstein 20 .1. |Verlag Friedrich Oetinger GmbH, Hamburg: Erich Kästner: Als ich ein kleiner Junge war © Atrium Verlag, Zürich 1957 56 .2. |Westdeutscher Handwerkskammertag e.V., Düsseldorf: nach Eva Werner: Kirchenmalerin. In: handfest - Jugendmagazin des Handwerks 6/2005, S. 8-9 76 .1.

Bezug zum
→ Schülerband

Prüfungsvorbereitung

Werkstatt Lesen – Texte und Medien

Werkstatt Schreiben

Werkstatt Sprache

Werkstatt Rechtschreibung

Prüfungsvorbereitung

So bereitest du dich sinnvoll auf schriftliche Prüfungen vor

Wie schon das Werkstattheft 9 will dir auch das Werkstattheft 10 besonders dabei helfen, dich auf schriftliche Tests und Prüfungen vorzubereiten, bei denen es um den Nachweis deiner Leistungen im Fach Deutsch geht.

- Lass dich von deinen Lehrern darüber informieren,
  – wie die Prüfungen ablaufen,
  – welche Anforderungen an dich gestellt werden und
  – was du besonders üben und wiederholen solltest.

- Erstelle dir für jede Prüfung einen genauen Arbeitsplan, in dem du festhältst, wie du dich in der Schule und/oder zu Hause vorbereiten willst. Nutze dazu den Vorschlag für einen Arbeitsplan im Schülerband, S. 9.

- Orientiere dich im Schülerband (S. 250–273) und im Inhaltsverzeichnis des Werkstatthefts über die Übungs- und Wiederholungsmöglichkeiten.

So arbeitest du erfolgreich in der Prüfungssituation

Tipp 1

Wenn du mehrere Aufgaben lösen musst, beiße dich nicht an einer schwierigen Aufgabe fest. Du verlierst sonst wertvolle Bearbeitungszeit für andere, vielleicht viel leichtere Aufgaben.

Tipp 2

Sind verschiedene Antworten möglich, schließe zunächst offensichtlich falsche aus. Unter den verbleibenden Antworten fällt es dir dann leichter, die richtige zu finden.

Tipp 3

Bearbeite jede Aufgabe zügig. Werde aber nicht ungeduldig oder unruhig, wenn du eine Aufgabe nur teilweise oder gar nicht lösen kannst.

Tipp 4

Hebe in der Aufgabenstellung wichtige Begriffe farbig hervor, damit du sie nicht überliest!

Tipp 5

Lege fest, welche Vorarbeiten hilfreich sind.

Tipp 6

Vergiss bei Hinweisen auf wichtige Textstellen die Zeilenangabe nicht! Die wörtliche Wiedergabe einer Textstelle steht in Anführungszeichen.

Tipp 7

Überlege, ob du einen Satz, einen Kurztext oder einen längeren zusammenhängenden Text schreiben musst.

Tipp 8

Überprüfe und korrigiere in der verbleibenden Zeit, was du geschrieben hast. Beachte dazu die folgende Seite.

So kannst du Geschriebenes überprüfen und korrigieren

Wenn du deinen Text geschrieben hast, solltest du ihn möglichst für einen Augenblick beiseitelegen, um Abstand zu gewinnen.
Lies deinen Text dann am besten dreimal mit einer jeweils anderen „Brille“: Inhalt, Sprache, Form. Achte dabei besonders auf Schwierigkeiten beim Schreiben, die du von dir kennst. Auf diese Weise kannst du Schwächen in deinem Text entdecken und berichtigen.

- Überprüfe beim ersten Lesen den **Inhalt** deines Textes: Hast du den Arbeitsauftrag richtig und vollständig umgesetzt?
  Lies dazu die Teilaufgaben noch einmal und markiere in deinem Text, wo du etwas ändern möchtest:
  – Gibt es Doppelungen, die du streichen kannst?
  – Fehlt etwas Wichtiges, das du ergänzen musst?
  – Entdeckst du inhaltliche Fehler? ...

- Achte beim zweiten Lesen auf die **Sprache**, z. B. auf passende und geschickte Ausdrucksweise, Überleitungen und Satzanschlüsse, Rechtschreibung und Zeichensetzung usw.

- Achte beim dritten Lesen auf die äußere **Form**, z. B. eine gut lesbare Handschrift und die Textgliederung durch Absätze.

Checkliste: Textüberarbeitung

1. inhaltlich:
✓ Doppelungen?
✓ Auslassungen?
✓ Gedankensprünge?
✓ Sachliche Fehler?

2. sprachlich:
✓ Überleitungen und Satzanfänge?
✓ Störende Wortwiederholungen?
✓ Ungünstige Wortstellung im Satz?
✓ Überlange Sätze?
✓ Unvollständige Sätze?
✓ Falsche Zeitformen?
✓ Wortwahl/Ausdrucksweise (keine Umgangssprache)?
✓ Rechtschreibung und Zeichensetzung?

3. formal:
✓ Gliederung/Abschnitte?
✓ Handschrift lesbar?

Erzählende Texte analysieren und interpretieren

Hier kannst du noch einmal Schritt für Schritt üben, einen erzählenden Text zu analysieren und eine eigene Interpretation zu schreiben.
- *Du sollst zunächst mit dem Text ins Gespräch kommen und ihn analysieren.*
- *Dann wirst du zu einer eigenen Deutung angeleitet. Dazu beantwortest du eine Reihe von Fragen.*
- *Abschließend sollst du deine Interpretation in einem zusammenhängenden Text formulieren. Dabei kannst du die Antworten auf deine Fragen nutzen.*

1. Schritt: *Mit dem Text ins Gespräch kommen*

1 Lies den Text „Streuselschnecke" von Julia Franck.
Beim Lesen ergeben sich viele Fragen. Notiere deine Fragen am Textrand.

Julia Franck (geb. 1970)

Julia Franck

Streuselschnecke

Wieso lebt sie mit 13 schon bei Freunden?

Welcher Mann ist das?

Der Anruf kam, als ich vierzehn war. Ich wohnte seit einem Jahr nicht mehr bei meiner Mutter und meinen Schwestern, sondern bei Freunden in Berlin. Eine fremde Stimme meldete sich, der Mann nannte seinen Namen, sagte mir, er lebe in Berlin, und fragte, ob ich ihn kennenlernen wolle. Ich zögerte, ich war mir nicht sicher. Zwar hatte ich schon viel über solche Treffen gehört und mir oft vorgestellt, wie so etwas wäre, aber als es so weit war, empfand ich eher Unbehagen. Wir verabredeten uns. Er trug Jeans, Jacke und Hose. Ich hatte mich geschminkt. Er führte mich ins Café Richter am Hindemithplatz und wir gingen ins Kino, ein Film von Rohmer. Unsympathisch war er nicht, eher schüchtern. Er nahm mich mit ins Restaurant und stellte mich seinen Freunden vor. Ein feines, ironisches Lächeln zog er zwischen sich und die anderen Menschen. Ich ahnte, was das Lächeln verriet. Einige Male durfte ich ihn bei seiner Arbeit besuchen. Er schrieb Drehbücher und führte Regie bei Filmen. Ich fragte mich, ob er mir Geld geben würde, wenn wir uns treffen, aber er gab mir keins, und ich traute mich nicht, danach zu fragen. Schlimm war das nicht, schließlich kannte ich ihn kaum, was sollte ich da schon verlangen? Außerdem konnte ich für mich selbst sorgen, ich ging zur Schule und putzen und arbeitete als Kindermädchen. Bald würde ich alt genug sein, um als Kellnerin zu arbeiten, und vielleicht würde ja auch noch eines Tages etwas Richtiges aus mir. Zwei Jahre später, der Mann und ich waren uns noch immer etwas fremd, sagte er mir, er sei krank. Er starb ein Jahr lang, ich besuchte ihn im Krankenhaus und fragte, was er sich wünsche. Er sagte mir, er habe Angst vor dem Tod und wolle es so schnell wie möglich hinter sich bringen. Er fragte mich, ob ich ihm Morphium besorgen könne. Ich dachte nach, ich hatte einige Freunde, die Drogen nahmen, aber keinen, der sich mit Morphium auskannte. Auch war ich mir nicht sicher, ob die im Krankenhaus herausfinden wollten und würden, woher es kam. Ich vergaß seine Bitte. Manchmal brachte ich ihm Blumen. Er fragte nach dem Morphium und ich fragte ihn, ob er sich Kuchen wünsche, schließlich wusste ich, wie gern er Torte aß. Er sagte, die einfachen Dinge seien ihm jetzt die liebsten – er wolle nur Streuselschnecken, nichts sonst. Ich ging nach Hause und buk Streuselschnecken, zwei Bleche voll. Sie waren noch warm, als ich sie ins Krankenhaus brachte. Er sagte, er hätte gerne mit mir gelebt, es zumindest gerne versucht, er habe immer gedacht, dafür sei noch Zeit, eines Tages – aber jetzt sei es zu spät. Kurz nach meinem siebzehnten Geburtstag war er tot. Meine kleine Schwester kam nach Berlin, wir gingen gemeinsam zur Beerdigung. Meine Mutter kam nicht. Ich nehme an, sie war mit anderem beschäftigt, außerdem hatte sie meinen Vater zu wenig gekannt und nicht geliebt.

2. Schritt: *Die Geschichte analysieren*

2 Aus welcher Perspektive wird erzählt? Kreuze an:

☐ auktorialer (allwissender) Erzähler
☐ personaler Erzähler
☐ Ich-Erzähler

3 Was erfährst du über die Erzählerin? Mache dir Notizen in einer Mindmap:

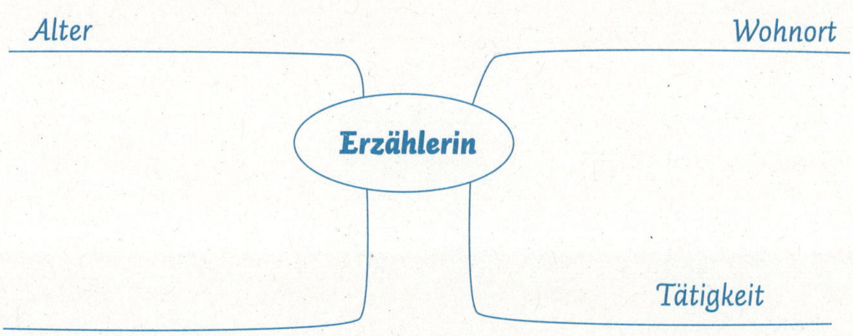

4 Wer ist „der Mann“? ______________________________

Wann hast du das als Leser erkannt? Notiere die Zeile: __________

5 Was passiert im Laufe der Geschichte? Mache dir Notizen. Nutze auch deine Fragen am Rand (Aufgabe 1)

6 Markiere
- zwischen Zeile 1 und 26 der Geschichte Wörter und Formulierungen, an denen du erkennst, dass sich die Erzählerin und der Mann fremd sind.
- ab Zeile 26 Wörter und Formulierungen, an denen du erkennst, dass sich die Erzählerin und der Mann gemocht haben.

7 Auffällig an der Sprache ist, dass die Geschichte sehr nüchtern erzählt wird und Gefühle nicht direkt mitgeteilt werden. Suche in der Geschichte zwei Stellen, die dies belegen. Notiere die Textstellen.

3. Schritt: Eine eigene Deutung der Geschichte versuchen

8 Deute die Geschichte. Beantworte dazu die Fragen a) bis c). Deine Antworten kannst du für das Schreiben deiner Interpretation (Schritt 4) nutzen.

a) Wie siehst du die Beziehung der Ich-Erzählerin zu ihrem Vater?

b) Warum erwähnt die Autorin wohl erst ganz am Schluss, wer der Mann ist?

c) Warum heißt die Geschichte wohl „Streuselschnecke“?

*4. **Schritt:** Einen Interpretationstext schreiben*

9 Bearbeite abschließend die folgende Aufgabenstellung, die dir so oder ähnlich auch in einer Prüfung begegnen könnte. Schreibe auf einem Zusatzblatt.

Schreibe einen Interpretationstext zu Julia Francks Geschichte „Streuselschnecke“. Stelle deine Ergebnisse in einem zusammenhängenden Text dar.
a) Schreibe eine Einleitung, in der du Titel, Autorin und Thema benennst.
b) Fasse zusammen, was in der Geschichte erzählt wird und aus welcher Perspektive erzählt wird.
c) Beschreibe die Figuren und ihre Beziehungen.
d) Gehe auf sprachliche Besonderheiten ein.
e) Was ist deiner Meinung nach die zentrale Aussage der Geschichte? Gib eine begründete Stellungnahme ab und füge Textbelege an.

Mit den folgenden Formulierungshilfen kannst du die Ergebnisse aus den Aufgaben 1–8 in deine Interpretation einbauen:

Die Geschichte trägt den Titel ... und wurde von ... verfasst.
Thema der Geschichte ist ...

Erzählt ist die Geschichte aus der ...
Die Erzählerin berichtet ...
Wir erfahren von der Erzählerin, dass sie ...

Die Beziehung der Ich-Erzählerin zu ihrem Vater sehe ich so: ...
Zunächst scheinen die beiden Personen sich ziemlich fremd zu sein ...
Das kann man daran erkennen, dass ...
Später aber wird deutlich, dass sie sich mögen ...

Auffällig an der Sprache ist, dass die Geschichte sehr nüchtern erzählt wird ...
Dies sieht man beispielsweise an Zeile ...

Meiner Meinung nach ist die zentrale Aussage der Geschichte ...
Erst am Schluss erfahren die Leser ...
Den Titel würde ich so erklären ...

Hier kannst du noch einmal üben, eine Geschichte zu interpretieren und einen Interpretationstext zu formulieren. Dazu kannst du den Schreibplan und die Formulierungshilfen auf Seite 12 nutzen.

1 Lies den folgenden Text und notiere, was dir auffällt.

Selim Özdoğan (geb. 1971)

Selim Özdoğan

Alles bestens

Auf dem Display meines Anrufbeantworters kann man das Datum und die Uhrzeit sehen, zu der die Nachricht hinterlassen wurde. Ich kann nach drei Tagen Unterwegs-Sein nach Hause kommen und sehen, wer am Dienstag angerufen hat, wer Mittwochnacht und wer Donnerstagmorgen. Wenn jemand Dienstag um sofortigen Rückruf gebeten hat, weiß ich, dass ich mir Zeit lassen kann, weil es wahrscheinlich schon zu spät ist.

Ich wohne allein, und möglicherweise ist das einer der Gründe dafür, dass ich meinen Anrufbeantworter mag. Er steht so, dass ich ihn direkt sehen kann, wenn ich die Tür aufschließe. Es gibt nur zwei Sachen, die sich während meiner Abwesenheit ändern. Die eine ist, dass sich der Briefkasten füllt. Ein Vergnügen, das mir höchstens einmal am Tag widerfährt. Die andere ist das grüne Lämpchen an meinem Anrufbeantworter. Manchmal blinkt es, und dann steht auf dem Display die Anzahl der eingegangenen Nachrichten. Wenn dort eine 5 zu sehen ist, kann man sich freuen. Doch manchmal sind es nur fünf Anrufer, die sofort wieder aufgelegt haben. Oder es ist einer, der immer wieder angerufen hat.

Manchmal ist es aber auch Michel, oder es ist Daniela. Die beiden können ganz schön lange auf den Anrufbeantworter sprechen. Michel improvisiert oft sehr lustige Sachen, über die ich lachen muss, und Daniela erzählt mir von ihrem Tag oder von letzter Nacht, je nach Uhrzeit. Oft höre ich die Nachrichten wieder und wieder, gewöhne mich an den Tonfall, die Satzmelodie. Ich höre mir diese Nachrichten an, wie ich mir früher Märchenplatten angehört habe.

Mein Anrufbeantworter hat eine Funktion, mit der man einzelne Nachrichten löschen kann. So lasse ich manche Stücke einfach einige Tage lang drauf, manchmal auch eine Woche oder zwei, damit ich sie wieder und wieder hören kann. [...]

Es ist jetzt Ende Januar, jeden Tag der gleiche Regen, das gleiche dunkle, schwere Wetter, als wolle das Wasser nie ein Ende nehmen. Da sind vier Nachrichten auf meinem Anrufbeantworter, die ich nicht lösche. Die erste ist von einer Frau, die sehr schöne Fältchen auf der Nase bekommt, wenn sie lacht. Und sie lacht sehr oft. *Hallo, aufwachen, es ist schon neun Uhr. Naja, einen Versuch war es wert. Du hast deinen Spruch geändert, hört sich ... auch nicht viel besser an als der erste. Ich dachte, vielleicht gehst du dran. Schlaf schön.*

Draufgesprochen am 7. Dezember letzten Jahres, um 2:47 in der Nacht. Ich war zu Hause und hatte geschlafen. Das Klingeln hatte mich geweckt, aber ich hatte es nicht geschafft, aufzustehen. Sie wusste, dass ich meistens um neun aufstand.

Die anderen drei Nachrichten, die anderen drei Nachrichten sind auch von ihr. Es ist fast Februar, und ich will diese Nachrichten nicht löschen. Sie sind wie kleine Lieder, die mir etwas versprechen. Es ist fast Februar, und ich glaube, ich bin verliebt.

2 Analysiere die Geschichte und mache dir Notizen zu folgenden Fragen:

a) Aus welcher Perspektive wird erzählt?

b) Was erfährst du über die Hauptfigur?

c) Wie funktioniert ein Anrufbeantworter?

d) Warum ist der Anrufbeantworter so wichtig?

e) An welchen Wörtern und Formulierungen kannst du die Gefühle der Hauptfigur erkennen?

3 Versuche eine eigene Deutung. Mache dir Notizen zu folgenden Fragen:

a) Wie verstehst du den folgenden Satz?

„Es ist fast Februar, und ich will diese Nachrichten nicht löschen. Sie sind wie kleine Lieder, die mir etwas versprechen.“ (Z. 35–37)

b) Nimm Stellung zu Franziskas Deutung der Geschichte:

„Die Hauptfigur in dieser Geschichte tut mir wirklich leid. Statt sich mit der Frau zu treffen, hört er immer nur seinen Anrufbeantworter ab. Er müsste doch unbedingt etwas tun, um sie zu treffen."

c) Erkläre den Titel der Geschichte: Findest du auch, dass alles bestens ist?

4 Schreibe einen Interpretationstext zu Selim Özdoğans Geschichte „Alles bestens". Stelle deine Ergebnisse in einem zusammenhängenden Text dar.
– Orientiere dich an dem untenstehenden Schreibplan.
– Nutze dabei deine Arbeitsergebnisse zu den Aufgaben 1–3.
Schreibe deine Interpretation auf ein Zusatzblatt.

Schreibplan für die Interpretation	**Formulierungshilfen**
Einleitung	
– Autor, Titel und Thema der Geschichte	*Die Geschichte „Alles bestens" von Selim Özdoğan handelt von ...*
Hauptteil	
– Erzählperspektive bestimmen	*Der Erzähler berichtet in der ...*
– Inhaltsangabe: Was passiert in der Geschichte?	*In der Geschichte wird beschrieben ...*
– Charakterisierung der Hauptfigur	*Die Hauptfigur ist ein Mann. Er wohnt allein und fühlt sich einsam. Das erkennt man daran, dass ...* *Er scheint nicht viel mit anderen Menschen zu sprechen ...* *Ganz wichtig für ihn ist der Anrufbeantworter und eine besondere Nachricht: ...*
– Sprachliche Besonderheiten	*Die Geschichte ist so geschrieben, wie man spricht. Das kann man an folgenden Stellen erkennen ...*
Schluss	
– Eigene Deutung und Stellungnahme	*Ich finde (nicht), dass in der Geschichte „alles bestens" ist: ...*

Hier kannst du noch einmal selbstständig üben, eine schriftliche Interpretation zu schreiben. Orientiere dich am Schreibplan auf Seite 12.

→ Wenn du Hilfen brauchst, kannst du im Schülerband (S. 136–138) nachlesen.

1 Lies den Text „Gibs auf!" von Franz Kafka. Du kannst wesentliche inhaltliche Aussagen und sprachliche Mittel markieren.

Zeichnung von Franz Kafka

Franz Kafka

Gibs auf!

Es war sehr früh am Morgen, die Straßen rein und leer, ich ging zum Bahnhof. Als ich eine Turmuhr mit meiner Uhr verglich, sah ich, dass es schon viel später war, als ich geglaubt hatte, ich musste mich sehr beeilen, der Schrecken über diese Entdeckung ließ mich im Weg unsicher werden, ich kannte mich in dieser Stadt noch nicht sehr gut aus, glücklicherweise war ein Schutzmann in der Nähe, ich lief zu ihm und fragte ihn atemlos nach dem Weg. Er lächelte und sagte: „Von mir willst du den Weg erfahren?" „Ja", sagte ich, „da ich ihn selbst nicht finden kann." „Gibs auf, gibs auf", sagte er und wandte sich mit einem großen Schwunge ab, so wie Leute, die mit ihrem Lachen allein sein wollen.

2 Analysiere und interpretiere Kafkas Geschichte „Gibs auf!".
Stelle deine Ergebnisse in einem zusammenhängenden Text dar.

Gehe so vor:

a) Formuliere eine Einleitung, in der du Titel, Autor und Thema benennst.
b) Fasse zusammen, was in der Geschichte erzählt wird.
c) Bestimme die Erzählperspektive.
d) Beschreibe die Hauptfigur. Gehe insbesondere auf ihre Gefühle und Gedanken ein.
e) Beschreibe sprachliche Auffälligkeiten: Welche Wörter und Formulierungen geben dir Hinweise, wie der Erzähler sich fühlt?

f) Stephan schreibt zu dieser Geschichte:

Ich glaube, dass der Autor zeigen will, dass man sich nicht verunsichern lassen soll, wenn man sein Ziel erreichen will. Wenn man nur auf Hilfe von anderen hofft, dann stimmt der Satz „Gibs auf!".

Nimm Stellung zu dieser Deutung.

Satirische Texte analysieren und interpretieren

Hier übst du, einen satirischen Text zu analysieren und eine eigene Interpretation zu schreiben.

- *Zunächst lernst du den Inhalt der Geschichte kennen und beantwortest Fragen zum Text.*
- *Dann wirst du durch weitere Fragen zu einer eigenen Deutung angeleitet.*
- *Abschließend formulierst du deine Interpretation in einem zusammenhängenden Text. Dabei kannst du deine Antworten auf die Fragen nutzen.*
- *Zum Schluss kannst du zu einem zweiten Text möglichst selbstständig eine Textanalyse und -interpretation vorbereiten und schreiben.*

1. Schritt: *Den Inhalt eines Textes kennenlernen*

1 Lies den Text. Beim Lesen entdeckst du erste Auffälligkeiten, z. B. zum Inhalt oder zur Sprache. Markiere sie im Text, mach dir Stichpunkte am Rand.

Art Buchwald

Fernsehen als Scheidungsgrund

Hallo, Mutter, ist meine Frau da? – Was heißt, sie will nicht mit mir sprechen? Das ist ja lächerlich. – Ich weiß, dass sie böse auf mich ist, aber es ist ja fast eine Woche her. Wie lange will sie denn noch schmollen? – Nichts ist vorgefallen! Gar nichts. – Du hast nur ihre Darstellung gehört. – Am Sonntagabend, ja, da fing es an ... Zugegeben, ich versprach das Laub zusammenzuharken, aber da wusste ich noch nicht, dass das Spiel Pittsburg gegen Syracuse im Fernsehen gezeigt würde. – Was ist denn Schlimmes dabei, wenn man sich ein Fußballspiel im Fernsehen ansieht? – Ja, ja, ich hörte mir auch das Spiel Notre-Dame gegen Marine im Radio an, aber das war das große Sportereignis der Woche. – Doch, ich sprach mit ihr am Samstagnachmittag. Ich erinnere mich genau, ich fragte sie, warum sie kein Bier auf Eis gelegt hätte.

Sie sagt, ich wäre nicht zum Essen gekommen? Das entspricht nicht ganz der Wahrheit. Ich musste das große Rennen im Aqueduct sehen, und dann kamen die Sportnachrichten, und ich sagte, danach würde ich gleich zu Tisch kommen, aber das Glück wollte es, dass als Nächstes ein Hockeyspiel gesendet wurde. Heutzutage sind nicht mehr viele Hockeyspiele auf dem Bildschirm zu sehen – Ich sagte ihr, ich wollte vor dem Fernsehapparat essen, und weißt du, was sie da antwortete? – „Ich führe kein Hotel. Du kannst dir das Essen selbst holen!“ Ist es vielleicht nett, so mit einem Menschen zu reden, der sich ein Hockeyspiel ansieht? – Ach Mutter, du weißt doch, wie sie immer übertreibt. Die Box-kämpfe waren um elf Uhr zu Ende. Als wir heirateten, wusste sie, dass ich Boxen liebe. Ich ging gleich nach den Totoergebnissen zu Bett.

Am Sonntag? Ich glaube, ich sagte etwas davon, dass ich das Laub am Sonntag zusammenkehren wollte, aber zuerst musste ich den Bericht über das Spiel Notre-Dame gegen Marine lesen, dann über das große Rennen im Aqueduct und dann über das Hockeyspiel, und ehe ich mich versah, war es Zeit für die TV-Übertragung des Spiels Rothäute gegen Adler. – Das ist nicht wahr. Ich ließ sie ins Zimmer. Ich schickte sie nur hinaus, als sie mich fragte, welche Farbe die neuen Vorhänge im Schlafzimmer haben sollten – gerade in dem Augenblick, wo Charly Taylor den Ball hinter die gegnerische Torlinie bringen wollte.
Das hat sie behauptet? – Hat sie dir auch erzählt, dass sie mir kein Mittagessen geben wollte, wenn ich ihr nicht das schmutzige Geschirr vom Samstagabend in die Küche brächte? Nun frage ich dich, was für eine Ehefrau ist das? – Ich habe sie nicht angebrüllt. – Möglich, dass ich die Stimme ein wenig hob, als es um das Entscheidungstor ging und sie sagte, ich sollte alle Sommerkleider auf den Dachbogen bringen, aber ich wurde nicht heftig. – Sie verdreht alles. Danach sah ich nicht das Spiel Detroits gegen Rams. Es war Buffalo gegen Houston. Und es war ein wichtiges Spiel. Wie oft bekommt man schon zwei Spiele zwischen denselben Mannschaften unmittelbar hintereinander zu sehen? – Na ja, darüber vergaß ich eben, dass wir die Winstons zu einem Glas Wein eingeladen hatten. – Ich war zu ihnen nicht unhöflich. Ich zeigte ihnen, wo sie sich etwas zu trinken holen konnten, und sagte, ich würde mich in zwei Stunden zu ihnen setzen. Woher sollte ich denn wissen, dass sie nach Hause gehen würden, ehe der Vortrag über die großen Stunden des Fußballs zu Ende war?
Ich bitte dich, Mutter, sprich du mit ihr. Ich habe es satt, Fernsehsnacks zu essen, und es ist kein einziger sauberer Teller mehr zu Hause. Und sag ihr, dass ich sie liebe und dass sie und die Kinder mir sehr fehlen. – Was hat sie gesagt? Sie kommt zurück? Herrlich, wunderbar. Wann soll ich sie abholen? – Am Samstag? Herrje, am Samstag kann ich nicht. Da spielt Illinois gegen Michigan, und es geht dabei um die Ausscheidung für den Cup.

2. Schritt: *Die Geschichte analysieren - Fragen zum Text beantworten*

2 Kreuze an, welche Aussage das Thema des Textes am besten beschreibt. Begründe deine Auswahl, indem du einen Bezug zum Text herstellst.

☐ Es geht um ein Missverständnis zwischen einem Mann und einer Frau.
☐ Der Mann denkt nur an sich und seine Sportinteressen.
☐ Die Frau versteht ihren Mann und seine Sportinteressen nicht.
☐ Die Mutter am Telefon weiß gar nicht, wer Recht hat.

Begründung:

3 Wie erfahren wir als Leser davon, was im Einzelnen zwischen dem Mann und seiner Frau passiert ist?

4 Gib stichwortartig wieder, welche Vorwürfe dem Mann gemacht werden.

5 Oft hat ein Text mehrere Absichten. Kreuze an, was deiner Meinung nach mit diesem Text beabsichtigt ist.

Der Text will
☐ informieren. ☐ verharmlosen. ☐ unterhalten. ☐ warnen.
☐ bewusst machen. ☐ rechtfertigen. ☐ kommentieren. ☐ kritisieren.

6 Welche sprachlichen Mittel setzt der Autor ein? Welche Wirkung sollen diese beim Leser erzielen?
– Ergänze in der ersten Spalte der Tabelle ein weiteres sprachliches Mittel.
– Zitiere jeweils eine passende Textstelle und beschreibe ihre Wirkung.

Sprachliches Mittel	**Zitat**	**Wirkung**
Untertreibung / Verharmlosung		

3. Schritt: *Eine eigene Deutung der Geschichte vornehmen*

7 Deute die Geschichte. Beantworte dazu die Fragen a) bis c).

a) Was kritisiert der Autor?

b) Wie deutest du den Schluss des Textes:

Herrlich, wunderbar. Wann soll ich sie abholen? – Am Samstag? Herrje, am Samstag kann ich nicht. Da spielt Illinois gegen Michigan, und es geht dabei um die Ausscheidung für den Cup.

c) Warum hat der Autor die Überschrift „Fernsehen als Scheidungsgrund" gewählt?

4. Schritt: *Eine Interpretation schreiben*

8 Schreibe eine Interpretation zu Art Buchwalds Geschichte „Fernsehen als Scheidungsgrund". Stelle deine Ergebnisse in einem zusammenhängenden Text dar:

a) Schreibe eine Einleitung, in der du Textart, Titel, Autor und Thema benennst.
b) Fasse mit wenigen Sätzen zusammen, worum es in dem Text geht.
c) Beschreibe, welche Auswirkung das Fernsehen nach Ansicht des Autors haben kann.
d) Erkläre, mit welchen sprachlichen Mitteln die Auswirkungen verdeutlicht werden.
e) Jemand meint: „Die Mutter am Telefon ist zu bedauern."
Nimm Stellung zu dieser Aussage und begründe deine Meinung.

9 Erstelle einen Schreibplan, bevor du mit dem Schreiben beginnst. Ordne die Gliederungspunkte der Einleitung, dem Hauptteil und dem Schluss zu:

– Die sprachlichen Mittel mit ihren Wirkungen darstellen
– Stellungnahme mit persönlicher Meinung
– Angaben zum Verfasser, zur Textart und zur Thematik
– Wiedergabe des Inhalts in kurzer Form
– Textabsicht

1. Einleitung:

____

2. Hauptteil:

2.1. Wiedergabe des Inhalts in kurzer Form

____

____

3. Schluss:

____

10 Schreibe nun deinen Text auf ein Zusatzblatt. Mit diesen Formulierungen kannst du die Ergebnisse deiner Vorarbeiten in deine Interpretation einarbeiten:

Die ... wurde verfasst von ... Sie handelt von ...
Ein Mann telefoniert ... Dabei ...
Es wird deutlich, dass ...
Nach Ansicht des Autors ...
Er stellt die Auswirkungen mit besonderen ..., z. B. ...
Ich finde die Aussage, die jemand gemacht hat ...

11 Überarbeite deinen Text. Verwende dazu die **Checkliste**:

– Hast du alle Unterpunkte der Aufgabenstellung berücksichtigt?
– Wo gliedern Absätze deinen Text?
– Wo willst du etwas streichen oder ergänzen?
– Hast du deine Aussagen am Text belegt?
– Hast du verschiedene Satzanfänge gewählt?
– Hast du störende Wiederholungen vermieden?
– Hast du überlange Sätze vermieden?
– Hast du Sätze sinnvoll miteinander verbunden?
– Welche Wörter musst du nachschlagen, weil du bei der Rechtschreibung unsicher bist?
– Stimmt die Zeichensetzung (Satzschlusszeichen, Kommas, Anführungszeichen bei Zitaten)?

12 Nutze dein Wissen und Können und schreibe eine Interpretation zu Franz Hohlers Text „Der Verkäufer und der Elch“. Stelle deine Ergebnisse in einem zusammenhängenden Text dar:
a) Schreibe eine Einleitung, in der du Textart, Titel, Autor und Thema benennst.
b) Beschreibe, wie der Verkäufer vorgeht.
c) Erkläre, mit welchem sprachlichen Mittel der Autor das Vorgehen des Verkäufers verdeutlicht.
d) Jemand behauptet: „In der Geschichte wird jemandem etwas verkauft, was er gar nicht braucht, wie manchmal in der Werbung.“
Nimm Stellung zu dieser Meinung.
Löse die Aufgabe auf einem Zusatzblatt.

Franz Hohler

Der Verkäufer und der Elch

Kennt ihr das Sprichwort „Dem Elch eine Gasmaske verkaufen“? Das sagt man in Schweden von jemandem, der sehr tüchtig ist, und ich möchte jetzt erzählen, wie es zu diesem Sprichwort gekommen ist.

Es gab einmal einen Verkäufer, der war dafür berühmt, dass er allen alles verkaufen konnte. Er hatte schon einem Zahnarzt eine Zahnbürste verkauft, einem Bäcker ein Brot und einem Obstbauern eine Kiste Äpfel.

„Ein wirklich guter Verkäufer bist du aber erst“, sagten seine Freunde zu ihm, „wenn du einem Elch eine Gasmaske verkaufst.“

Da ging der Verkäufer soweit nach Norden, bis er in einen Wald kam, in dem nur Elche wohnten.

„Guten Tag“, sagte er zum ersten Elch, den er traf, „Sie brauchen eine Gasmaske.“

„Wozu?“, fragte der Elch. „Die Luft ist gut hier.“

„Alle haben heutzutage eine Gasmaske“, sagte der Verkäufer.

„Es tut mir leid“, sagte der Elch, „aber ich brauche keine.“

„Warten Sie nur“, sagte der Verkäufer, „Sie brauchen schon noch eine.“

Und wenig später begann er mitten im Wald, in dem nur Elche wohnten, eine Fabrik zu bauen.

„Bist du wahnsinnig?“, fragten seine Freunde.

„Nein“, sagte er, „ich will nur dem Elch eine Gasmaske verkaufen.“

Als die Fabrik fertig war, stiegen so viel giftige Abgase aus dem Schornstein, dass der Elch bald zum Verkäufer kam und zu ihm sagte: „Jetzt brauche ich eine Gasmaske.“

„Das habe ich mir gedacht“, sagte der Verkäufer und verkaufte ihm sofort eine. „Qualitätsware!“, sagte er lustig.

„Die andern Elche“, sagte der Elch, „brauchen jetzt auch Gasmasken. Hast du noch mehr?“ (Elche kennen die Höflichkeitsform mit „Sie“ nicht.)

„Da habt ihr Glück“, sagte der Verkäufer, „ich habe noch Tausende.“

„Übrigens“, sagte der Elch, „was machst du in deiner Fabrik?“

„Gasmasken“, sagte der Verkäufer.

P.S. Ich weiß doch nicht genau, ob es ein schwedisches oder ein schweizerisches Sprichwort ist, aber die beiden Länder werden ja oft verwechselt.

Gedichte analysieren und interpretieren

Mascha Kaléko (1907–1975)

1 Lies das Gedicht „Kinder reicher Leute“ von Mascha Kaléko. Welcher Aussage zum Thema des Gedichts kannst du dich anschließen?
Das Gedicht handelt
a) von armen Kindern und ihren traurigen Lebensverhältnissen.
b) von Kindern reicher Eltern, die sich das Leben armer Leute gar nicht vorstellen können.
c) von reichen Eltern, die sich nicht um ihre Kinder kümmern.
Begründe deine Meinung, indem du passende Textstellen markierst.

Mascha Kaléko

Kinder reicher Leute

Sie wissen nichts von Schmutz und Wohnungsnot,
Von Stempelngehn und Armeleuteküchen.
Sie ahnen nichts von Hinterhausgerüchen,
Von Hungerslöhnen und von Trockenbrot.

Sie wohnen meist im herrschaftlichen Haus,
Zuweilen auch in eleganten Villen.
Sie kommen nie in Kneipen und Destillen,
Und gehen stets nur mit dem Fräulein aus.

Sie rechnen sich jetzt schon zur Hautevolée
Und zählen Armut zu den größten Sünden.
– Nicht mal ein Auto ...? Nein, wie sie das finden!
Ihr Hochmut wächst mit Pappis Portemonnaie.

Sie kommen meist mit Abitur zur Welt,
– Zumindest aber schon mit Referenzen –
Und ziehn daraus die letzten Konsequenzen:
Wir sind die Herren, denn unser ist das Geld.

Mit vierzehn finden sie, der Armen Los
Sei zwar nicht gut. Doch werde übertrieben – –.
Mit vierzehn schon! – Wenn sie doch vierzehn blieben.
Jedoch die Kinder werden einmal groß ...

Stempeln gehen: *Früher mussten Arbeitslose den Besuch beim Arbeitsamt abstempeln lassen, um Geld zu bekommen.*

Destille: *einfache Kneipe, nur Alkoholausschank*

Fräulein: *Dienstmädchen*

Hautevolée (frz.): *die feine Gesellschaft („Promis“)*

Referenzen: *Empfehlungen von reichen Eltern, wenn sie sich z. B. bewerben*

2 Im Gedicht sind auffällige sprachliche Mittel mit unterschiedlichen Farben markiert. Ordne die Farben den Fachbegriffen zu:

- Wiederholung gleicher Satzanfänge
- Wiederholung gleicher Anfangsbuchstaben
- abgebrochene Sätze, Gedankenstriche, Auslassungspunkte
- Metaphern
- Gegensätze

3 Welche sprachlichen Besonderheiten fallen dir sonst noch auf? Achte z. B. auf die Reime und die Betonung der Silben und Wörter: Sind die Verse und Strophen eher gleichbleibend gebaut – oder gibt es auffallende Unterschiede?

4 Was bewirken diese sprachlichen Besonderheiten? Notiere deine Gedanken zum Text in Stichworten neben dem Gedicht oder auf einem Zusatzblatt.

5 Überarbeite die folgende Interpretation des Gedichts, die ein Schüler verfasst hat. Beachte dabei die Hinweise am Rand. Schreibe die überarbeitete Interpretation auf ein Zusatzblatt.

In dem Gedicht „Kinder reicher Leute" von Mascha Kaléko geht es um Kinder.

In der ersten Strophe wird beschrieben, was Kinder reicher Eltern über arme Leute alles nicht wissen. Die zweite Strophe beschreibt, wie die Kinder der Reichen leben (in eleganten Villen, gut behütet von Kindermädchen). Dass diese Kinder sich deshalb wie Könige fühlen, verdeutlicht die dritte Strophe. In der vierten Strophe wird geschildert, welche Vorteile sie von Geburt an haben und welche Rechte sie daraus ableiten.
In der letzten Strophe steht, dass sie als Jugendliche das Los der armen Leute eigentlich nicht gut finden; sie finden aber auch, dass es übertrieben wird. Aber als Erwachsene haben sie wohl gar kein Verständnis mehr für die Armen, denn es heißt im vorletzten Vers: „Wenn sie doch vierzehn blieben."

Mir fällt auf, dass das Reimschema in allen Strophen gleich ist, es handelt sich um den umarmenden Reim (abba). Auch das Versmaß ist fast durchgängig einförmig: Betonte und unbetonte Silben wechseln sich ab.
Ich finde, dass das monotone Reimschema und das gleichmäßige Versmaß gut zu der inhaltlichen Aussage passen und sie verstärken. Dazu passen auch die vielen Wortwiederholungen an den Versanfängen.
Allerdings wird in der dritten Strophe das monotone Versmaß durchbrochen. Und zwar in Vers 1 („jetzt schon") und in Vers 3: „ – Nicht mal ein Auto …? Nein, wie sie das finden!" Hier wird deutlich, dass die Autorin verärgert ist und sich in ironischer Weise lustig macht.
Das merkt man auch an der Metapher in der 4. Strophe: „Sie kommen meist mit Abitur zur Welt".
Auffallend sind in der letzten Strophe die abgebrochenen Sätze und die Satzzeichen: Ausrufezeichen, Gedankenstriche und Auslassungspunkte. Dadurch wird der Leser aufgefordert, sich Gedanken zu machen über die Einstellung und die Entwicklung der Kinder reicher Eltern.
Das Gedicht ist schon fast hundert Jahre alt, aber ich finde, es passt auch auf unsere Zeit …

Randhinweise:
- *Thema genauer angeben!*
- *Hier fehlen Textbeispiele.*
- *Woran wird das deutlich?*
- *Genauer beschreiben.*
- *Hier muss erklärt werden, welche Aussage verstärkt wird.*
- *Was könnte der Grund dafür sein?*
- *Worüber macht sich die Autorin lustig?*
- *Das Sprachbild muss erläutert werden: Was bedeutet es?*
- *Welche Gedanken könnten dem Leser durch den Kopf gehen?*

6 Kannst du dich der Meinung des Schülers am Schluss seiner Interpretation anschließen? Dann begründe sie. Oder bist du anderer Meinung? Dann verdeutliche zum Schluss der Interpretation deine Meinung und begründe sie.

7 Das folgende Gedicht stammt aus der Zeit zu Beginn des 20. Jahrhunderts. Lies zunächst nur den Titel und notiere deine Vermutungen, worum es in dem Gedicht gehen könnte:

8 Lies anschließend das ganze Gedicht und überprüfe, ob und an welchen Textstellen deine Vermutungen zutreffen.

Gerrit Engelke (1890–1918)

Gerrit Engelke

Ich will heraus aus dieser Stadt

Ich weiß, dass Berge auf mich warten,
Draußen – weit –
Und Wald und Winterfeld und Wiesengarten
Voll Gotteinsamkeit –

Weiß, dass für mich ein Wind durch Wälder dringt,
So lange schon –
Dass Schnee fällt, dass der Mond nachtleise singt
Den Ewig-Ton –

Fühle, dass nachts Wolken schwellen,
Bäume,
Dass Ebenen, Gebirge wellen
In meine Träume –

Die Winterberge, meine Berge tönen –
Wälder sind verschneit –
Ich will hinaus, mit Euch mich zu versöhnen
Ich will heraus aus dieser Zeit,

Hinweg von Märkten, Zimmern, Treppenstufen,
Straßenbraus –
Die Waldberge, die Waldberge rufen,
Locken mich hinaus!

Bald hab ich diese Straßenwochen,
Bald diesen Stadtbann aufgebrochen
Und ziehe hin, wo Ströme durch die Ewig-Erde pochen,
Ziehe selig in die Welt!

Stadtbann: *sich an die Stadt gefesselt fühlen*

9 Analysiere und interpretiere das Gedicht anhand der folgenden Aufgabenstellung:

1. Lies das Gedicht „Ich will heraus aus dieser Stadt" von Gerrit Engelke und markiere wesentliche inhaltliche Aussagen und sprachliche Mittel.
2. Verfasse eine Interpretation des Gedichts:
a) Schreibe eine Einleitung und nenne den Titel, den Autor und das Thema des Gedichts.
b) Fasse den Inhalt in eigenen Worten zusammen und erkläre, weshalb das lyrische Ich „aus der Stadt heraus will", in welcher Stimmung es sich befindet.
c) Gehe auf die sprachlichen Merkmale und Besonderheiten ein und beschreibe ihre Wirkung. Belege deine Ausführungen mit Textstellen.
3. Eine Schülerin behauptet: „Aus der Stadt flüchten, so etwas könnte ich mir in heutiger Zeit überhaupt nicht vorstellen!" Nimm zu dieser Aussage Stellung und begründe deine Meinung.

» Fertige Notizen zur Interpretation des Gedichts an.

→ Hilfen dazu findest du im Schülerband, S. 154–157.

» In den ersten beiden Strophen sind bereits sprachliche Mittel markiert, mit denen der Autor seinem Gedicht Wirkung verleihen will.

– Ordne die markierten Textstellen den folgenden Begriffen zu:

→ Hilfen zur Zuordnung findest du im Schülerband, S. 282.

Einfallsreiche **Wortneubildungen**
Sprachbilder (Metaphern, Personifikationen)
Wiederholungen von Wörtern oder Wortgruppen
Alliterationen/Stabreime (= gleicher Anfangsbuchstabe mehrerer aufeinanderfolgender Wörter)

– Markiere und benenne sprachliche Mittel, die der Autor in den folgenden Strophen verwendet. Achte auch auf Reime und Strophenaufbau.

– In Strophe 4 will sich das lyrische Ich „mit Wäldern und Bergen versöhnen". Wie verstehst du diese wichtige Metapher?

– Beschreibe die sprachlichen Mittel und ihre Wirkung:
Der Autor setzt Wiederholungen ein, zum Beispiel in Strophe ...
Dort heißt es: ... Damit wird bewirkt, dass ...
Die Personifikation ist ein mehrfach gebrauchtes sprachliches Mittel:
Zum Beispiel in Strophe ... Damit erreicht der Autor ...
Eine eindrucksvolle Metapher ist zum Beispiel in Strophe ... enthalten.
Sie verdeutlicht ... Der Verfasser hat das Bild ... vor Augen ...

» Verwende deine Untersuchungsergebnisse für eine zusammenhängende Interpretation. Halte dich dabei an die Reihenfolge der Aufgabenstellung.

Zu literarischen Texten schreiben

Um literarische Texte besser zu verstehen, kann es hilfreich sein, sich produktionsorientiert mit den Texten auseinanderzusetzen. Man kann sie z. B. verändern oder weiterschreiben, aus der Perspektive von Figuren innere Monologe oder eine Ich-Charakteristik schreiben, einen Perspektivenwechsel vornehmen oder aus einem Prosatext ein Gedicht machen. Hier kannst du anhand von zwei literarischen Texten den ***Perspektivenwechsel*** *üben.*

Zu dem Text „Fernsehen als Scheidungsgrund" von Art Buchwald

→ *Du findest den Text auf Seite 14/15 im Werkstattheft.*

1. Schritt: *Den Text lesen und verstehen*

1 Den Text „Fernsehen als Scheidungsgrund" hast du bereits ausführlich analysiert und interpretiert (S. 14–18). Wenn du dich nicht mehr genau daran erinnerst, dann lies noch einmal nach, worum es in dem Text geht.

Wer telefoniert hier mit wem?

____

Wessen Gesprächsanteile sind in dem Text festgehalten?

____

Worum geht es in dem Telefonat?

____

____

____

2. Schritt: *Vorüberlegungen zum Perspektivenwechsel anstellen*

2 In dem Text fehlen die Gesprächsanteile der Mutter.
- Versetze dich in die Situation der beiden Telefonierenden hinein. Versuche mithilfe dessen, was der Mann sagt, herauszufinden, was die Mutter jeweils vorher gesagt haben könnte.
- Führe dir auch die Besonderheiten vor Augen, die die Sprache der Textvorlage kennzeichnen, und überlege, was du daraus für deine Ergänzungen ableiten kannst, z. B.: Antwortet die Mutter entspannt oder aufgeregt, verständnisvoll oder wütend?

3. Schritt: *Die Perspektive wechseln*

3 Versetze dich jetzt in die Mutter des Mannes hinein und ergänze in dem Text ihre möglichen Gesprächsanteile.

> **Tipp**
> *Manchmal musst du erst lesen, was der Mann der Mutter entgegnet, um herauszufinden, was die Mutter vorher gesagt haben könnte.*

Hallo, Mutter, ist meine Frau da?

Was heißt, sie will nicht mit mir sprechen? Das ist ja lächerlich.

Ich weiß, dass sie böse auf mich ist, aber es ist ja fast eine Woche her. Wie lange will sie denn noch schmollen?

Nichts ist vorgefallen! Gar nichts.

Du hast nur ihre Darstellung gehört.

Am Sonntagabend, ja, da fing es an ... Zugegeben, ich versprach, das Laub zusammenzuharken, aber da wusste ich noch nicht, dass das Spiel Pittsburg gegen Syracuse im Fernsehen gezeigt würde.

Was ist denn Schlimmes dabei, wenn man sich ein Fußballspiel im Fernsehen ansieht?

Ja, ja, ich hörte mir auch das Spiel Notre-Dame gegen Marine im Radio an, aber das war das große Sportereignis der Woche.

Doch, ich sprach mit ihr am Samstagnachmittag. Ich erinnere mich genau, ich fragte sie, warum sie kein Bier auf Eis gelegt hätte.

Sie sagt, ich wäre nicht zum Essen gekommen? Das entspricht nicht ganz der Wahrheit. Ich musste das große Rennen im Aqueduct sehen, und dann kamen die Sportnachrichten, und ich sagte, danach würde ich gleich zu Tisch kommen, aber das Glück wollte es, dass als Nächstes ein Hockeyspiel gesendet wurde. Heutzutage sind nicht mehr viele Hockeyspiele auf dem Bildschirm zu sehen ...

Ich sagte ihr, ich wollte vor dem Fernsehapparat essen, und weißt du, was sie da antwortete?

„Ich führe kein Hotel. Du kannst dir das Essen selbst holen!“ Ist es vielleicht nett, so mit einem Menschen zu reden, der sich ein Hockeyspiel ansieht?

Ach Mutter, du weißt doch, wie sie immer übertreibt. Die Boxkämpfe waren um elf Uhr zu Ende. Als wir heirateten, wusste sie, dass ich Boxen liebe. Ich ging gleich nach den Totoergebnissen zu Bett.

Am Sonntag? Ich glaube, ich sagte etwas davon, dass ich das Laub am Sonntag zusammenkehren wollte, aber zuerst musste ich den Bericht über das Spiel Notre-Dame gegen Marine lesen, dann über das große Rennen im Aqueduct und dann über das Hockeyspiel, und ehe ich mich versah, war es Zeit für die TV-Übertragung des Spiels Rothäute gegen Adler.

Das ist nicht wahr. Ich ließ sie ins Zimmer. Ich schickte sie nur hinaus, als sie mich fragte, welche Farbe die neuen Vorhänge im Schlafzimmer haben sollten – gerade in dem Augenblick, wo Charly Taylor den Ball hinter die gegnerische Torlinie bringen wollte.

Das hat sie behauptet?

Hat sie dir auch erzählt, dass sie mir kein Mittagessen geben wollte, wenn ich ihr nicht das schmutzige Geschirr vom Samstagabend in die Küche brächte? Nun frage ich dich, was für eine Ehefrau ist das?

Ich habe sie nicht angebrüllt.

Möglich, dass ich die Stimme ein wenig hob, als es um das Entscheidungstor ging und sie sagte, ich sollte alle Sommerkleider auf den Dachbogen bringen, aber ich wurde nicht heftig.

Sie verdreht alles. Danach sah ich nicht das Spiel Detroits gegen Rams. Es war Buffalo gegen Houston. Und es war ein wichtiges Spiel. Wie oft bekommt man schon zwei Spiele zwischen denselben Mannschaften unmittelbar hintereinander zu sehen?

Na ja, darüber vergaß ich eben, dass wir die Winstons zu einem Glas Wein eingeladen hatten.

Ich war zu ihnen nicht unhöflich. Ich zeigte ihnen, wo sie sich etwas zu trinken holen konnten, und sagte, ich würde mich in zwei Stunden zu ihnen setzen. Woher sollte ich denn wissen, dass sie nach Hause gehen würden, ehe der Vortrag über die großen Stunden des Fußballs zu Ende war?

Ich bitte dich, Mutter, sprich du mit ihr. Ich habe es satt, Fernsehsnacks zu essen, und es ist kein einziger sauberer Teller mehr zu Hause. Und sag ihr, dass ich sie liebe und dass sie und die Kinder mir sehr fehlen.

Was hat sie gesagt? Sie kommt zurück? Herrlich, wunderbar. Wann soll ich sie abholen?

Am Samstag? Herrje, am Samstag kann ich nicht. Da spielt Illinois gegen Michigan, und es geht dabei um die Ausscheidung für den Cup.

__4. Schritt:__ Den geschriebenen Text reflektieren und kommentieren

4 Erläutere, wie du die Gesprächsanteile der Mutter geschrieben hast und worauf du bei deiner Ausführung inhaltlich und sprachlich geachtet hast.
- Wie bist du beim Schreiben vorgegangen?
- Welches Ziel hast du dabei verfolgt?
- Welche sprachlichen Mittel des Ausgangstextes hast du bewusst aufgenommen bzw. situativ verändert?

Formulierungshilfen:
Mir war wichtig ...
Ich habe mir vorgestellt, dass ...
Ich habe den Inhalt/den Satzbau so gestaltet, weil ...
Ich habe mich in die Figur hineinversetzt ...
Die Textstelle ... habe ich so gedeutet, dass ...
Deshalb ...

Zu dem Text „Streuselschnecke" von Julia Franck

1. Schritt: Den Text lesen und verstehen

Du findest den Text auf Seite 6/7 im Werkstattheft.

5 Auch diesen Text hast du bereits genau analysiert und interpretiert (S. 6–9). Erinnere dich oder lies noch einmal nach, worum es in dem Text geht.

Welches sind beiden Textfiguren?

____

Aus welcher Perspektive ist der Text geschrieben?

____

Wie ist die Beziehung zwischen den Textfiguren?

____

____

____

2. Schritt: Vorüberlegungen zum Perspektivenwechsel anstellen

6 In dem Text erfährst du nur an einigen Stellen, wie der Mann die Situation empfindet und was er wohl denken mag. Versuche dich in ihn hineinzuversetzen und seine möglichen Gedanken und Gefühle nachzuempfinden.

Erinnere dich noch einmal daran, was du im Text über den Mann erfahren hast (Lebensumstände, berufliche Tätigkeit, Absichten bei der Kontaktaufnahme mit dem Mädchen, Verhalten beim Zusammensein mit dem Mädchen).

3. Schritt: Die Perspektive wechseln

7 Wechsle jetzt die Perspektive und schreibe den Text **aus der Sicht des Mannes** neu (Ich-Form). Stell dir dazu vor, dass du dieser Mann bist, der kurz vor seinem Tod noch einmal über alles nachdenkt.
Schreibe auf einem Zusatzblatt.

4. Schritt: Den geschriebenen Text reflektieren und kommentieren

8 Erläutere, wie du die Gedanken und Empfindungen des Mannes geschrieben hast und worauf du bei deiner Ausführung inhaltlich und sprachlich geachtet hast. Mögliche Leitfragen und Satzanfänge findest du auf Seite 28.

Sachtexte analysieren und dazu Stellung nehmen

In Prüfungen musst du häufig einen Sachtext lesen und mithilfe von Fragen analysieren. Die Ergebnisse sollst du dann in einem zusammenhängenden Text darstellen. Auf den folgenden Seiten übst du dazu wichtige Arbeitsschritte.

Die Aufgabenstellung für eine Prüfung könnte so oder ähnlich formuliert sein:

1. Analysiere den Text „Die große Verführung". Gehe dabei so vor:
a) Formuliere eine Einleitung mit Angaben zu Textsorte, Autor, Titel und Thema.
b) Stelle dar, wie Werbung vorbereitet und durchgeführt wird.
c) Erläutere, welche Absicht die Autorinnen mit ihrem Text verfolgen. Beziehe dich auf den Text.
2. Im Text heißt es am Ende: „Es wird ganz normal sein, dass Leute Geld dafür bekommen, für Produkte zu werben." (Z. 93/94). Nimm Stellung zu dieser Aussage und begründe deine Meinung.

***1. Schritt:** Den Arbeitsauftrag verstehen – Wissen, was man tun muss*

1 Markiere in der Aufgabenstellung die Anweisungen und mache dir klar, was von dir verlangt wird: *Analysiere, formuliere …*

***2. Schritt:** Den Text lesen und verstehen – Sich klarmachen, worum es im Text geht*

2 Überfliege den Text: Finde heraus, worum es geht:

Textsorte: ______________________

Autorinnen: ______________________

Titel: ______________________

Thema: ______________________

***3. Schritt:** Den Text untersuchen und verstehen*

3 Drei der folgenden Überschriften lassen sich Abschnitten des Textes zuordnen. Eine Überschrift passt gar nicht zum Text.

Überschrift	**passt zu den Abschnitten:**
a) Der Käufer wird selbst zum Werber	
b) Werbung ist schädlich	
c) Gesichtserkennung verrät, was wir gut finden	
d) Verkäufer erforschen die Wünsche der Konsumenten	

Die große Verführung

①
Wie gern wären die Vermarkter neuer Produkte uns so nah wie ein Nachbar oder Freund. Sie wüssten genau, wovon wir träumen, was uns Angst oder Freude macht. Wie Werbung für ein Shampoo oder Auto sein muss, damit wir diese Dinge haben wollen. In der Realität kommen sie ihrem Wunsch schon recht nahe: Sie sind zwar nicht unsere Freunde, aber sie kennen trotzdem unsere Wünsche.

②
Längst beschäftigen Firmen ganze Abteilungen damit, unsere Seele zu ergründen. Der Konsument ist eines der am besten erforschten Lebewesen des Planeten. Im Auftrag der Markenforschung wird er in Kernspintomografen geschoben, wo er Fotos von Shampooflaschen ansehen oder Getränke durch einen Schlauch schlürfen soll, während Hirnforscher die Vorgänge unter seiner Schädeldecke inspizieren. Man setzt ihm Spezialbrillen auf und lässt ihn vor Regalen auf und ab gehen, um seine Pupillenbewegungen zu vermessen. In den USA wird er beim Einkaufen von speziellen Kameras gefilmt, die sein Alter und Geschlecht erkennen. Mancherorts verraten sogar schon Wärmekarten, wie er sich durch ein Geschäft bewegt, vor welchen Produkten er stehen bleibt.

③
Künftig können Marketingmanager den Konsumenten sogar am Computer zu Hause beobachten – und einen Blick in seine Gefühlswelt werfen. Eigentlich wollte Rana el Kaliouby Autisten helfen, als sie ihre Mimikerkennungssoftware erfand. Autisten haben oft Probleme damit, Gesichtsausdrücke anderer Menschen zu deuten. Die Wissenschaftlerin entwickelte ein Computerprogramm, das Bewegungen in Gesichtern vermisst und interpretiert. Im Media Lab am Massachusetts Institute of Technology (MIT) hat sie eine Art Brillengestell mit eingebauter Kamera und integriertem Lautsprecher entworfen. Wenn man die Brille trägt und mit einer Person spricht, flüstert eine Stimme einem ins Ohr, ob der Gesprächspartner gerade aufmerksam zuhört, zustimmend lächelt oder gelangweilt schaut. Den Autisten in der Pilotstudie gefiel das. Der Werbeindustrie ebenfalls.

④
Inzwischen hat Rana el Kaliouby mit MIT-Kollegen die Firma Affectiva gegründet und bietet das Mimikerkennungsprogramm auch Unternehmen an. Sie können damit testen, wie ihre Werbefilme beim Publikum ankommen. „Viele Firmen wollen wissen, was die Leute für ihr Produkt empfinden", sagt sie. „Wir helfen ihnen, die Wissenslücke zu überbrücken.

⑤
Und etliche Menschen weltweit können womöglich bald mithelfen. Die Idee: Freiwillige sehen sich am Rechner zu Hause Werbespots an und lassen sich dabei von ihrer Webcam filmen. Crowdsourcing heißt das. Auf diese Weise erhielt ein Unternehmen ohne großen Aufwand Mimikaufnahmen von Tausenden Menschen, aus denen die Software zum Beispiel Lächelkurven errechnet. Sie erkennt, was die Zuschauer amüsierte oder verstörte, ob Frauen und Männer, Alte und Junge unterschiedlich reagierten. Bei einem Test mit der sexbetonten Axe-Werbung etwa zeigte sich, dass der Spot zwar älteren Zuschauern die Laune verdarb, dafür bei jüngeren umso besser ankam.

⑥
Auf der Webseite von Affectiva kann man das heute schon ausprobieren und anschließend seine Lächelkurve mit der anderer Teilnehmer vergleichen und sie sogar auf Twitter mit Freunden teilen. Das ist vielleicht der größte Coup der Werber – den Konsumenten dazu zu bringen, sich bereitwillig vor ihren Karren spannen zu lassen. Euphorisch mailt er kuriose Werbefilmchen, die er im Internet findet, an seine Freunde, sodass sie sich im Nu wie ein Virus verbreiten. Der Konsument ist ein Herdentier – was er mag, will er teilen.

⑦
Auf Facebook geht das Selbstwerben noch einfacher. Schon heute können Nutzer dort etwa sehen, welche Zeitungsartikel ihre Freunde im Internet lesen. Und das ist erst der Anfang. „Wenn Sie in Zukunft ein Produkt online kaufen, wird man Ihnen einen Rabatt anbieten, damit Sie auf Facebook dafür Werbung machen", sagt Martin Lindstrom. Automatisch werde dann eine Suchmaschine das Facebook-Profilfoto der Person auswählen, ihr ein Werbestatement vorschlagen und, wenn sie zustimmt, beides zusammen auf den Facebook-Seiten der Freunde einblenden. „Man wird Sie benutzen, um Ihre Freunde dazu zu bringen, mehr zu kaufen."

⑧
Mundpropaganda sei das nächste große Ding in der Werbung. Lindstrom glaubt sogar, dass es bald viele Familien wie die Morgensons geben wird. „Es wird ganz normal sein, dass Leute Geld dafür bekommen, für Produkte zu werben", prophezeit er. In Australien hat er schon eine solche Familie kennengelernt, die ganz offen damit umging. Ihre Freunde hätten das sogar cool gefunden.

Stefanie Schramm/Claudia Wüstenhagen

4 Ersetze jeweils die markierte Formulierung durch eine passende andere:

a) „... während Hirnforscher die Vorgänge unter der Schädeldecke inspizieren.“ (Z. 15–17)

b) „... das Bewegungen in den Gesichtern vermisst und interpretiert.“ (Z. 33/34)

c) „Wir helfen ihnen, die Wissenslücke zu überbrücken.“ (Z. 50/51)

5 Gib mit eigenen Worten wieder, was mit dem folgenden Satz gemeint ist:

„Mundpropaganda sei das nächste große Ding in der Werbung.“ (Z. 90/91)

6 Markiere im Text unbekannte Formulierungen und erkläre sie aus dem Textzusammenhang oder mit einem Wörterbuch. Löse diese Aufgabe am besten mit einem Partner.

7 Notiere in Stichworten, was die Werbeindustrie unternimmt, um die Wünsche der Kunden herauszufinden.

8 Kreuze die richtige Antwort an:

Die Autorinnen möchten mit ihrem Text ...
a) die Wünsche von Verkäufern untersuchen und darstellen.
b) Entwicklungen in der Verkaufsforschung und Werbung kritisch darstellen.
c) die Leserinnen und Leser zur Werbeverweigerung aufrufen.
d) Ideen zu mehr und erfolgreicherer Werbung verbreiten.

4. Schritt: *Einen Schreibplan anlegen – Das Schreiben vorbereiten*

9 Lies die Aufgabenstellung noch einmal und verwende sie als Schreibplan.

Inhalt ist:

Einleitung: ____________________

Hauptteil: ____________________

____

Schluss: ____________________

5. Schritt: *Den eigenen Text schreiben und überarbeiten*

10 Schreibe nacheinander Einleitung, Hauptteil und Schluss. Nutze dazu deine Vorarbeiten und Notizen. Für deinen Text kannst du die Formulierungen in der Randspalte nutzen.

- In der Einleitung gehst du auf Punkt 1a der Aufgabenstellung ein.

____

____

____

In dem ... von ... geht es um

- Im Hauptteil gehst du auf die Punkte 1b und 1c ein und beziehst dich auf den Text.

____

____

____

____

____

____

____

____

____

Die Autorinnen stellen am Anfang dar, ...

Außerdem ...

Demnächst kann man sogar ...

Eine neue Idee ist ...

Ein Beispiel dafür ist ...
Auf Facebook ...

Die Autorinnen möchten die Leser ...

Das sieht man zum Beispiel an der Formulierung ...

» Im Schlussteil gehst du auf den Punkt 2 der Aufgabenstellung ein.

Ich stimme der Aussage am Ende des Textes (nicht) zu, weil ...

Es ist nämlich so, dass ...

Denn ...

11 Überarbeite den Text. Verwende dazu die **Checkliste**:

- Hast du alle Unterpunkte der Aufgabenstellung berücksichtigt?
- Wo gliedern Absätze deinen Text?
- Wo willst du etwas streichen oder ergänzen?
- Hast du deine Aussagen am Text belegt?
- Hast du verschiedene Satzanfänge gewählt?
- Hast du störende Wiederholungen vermieden?
- Hast du überlange Sätze vermieden?
- Hast du Sätze sinnvoll miteinander verbunden?
- Welche Wörter musst du nachschlagen, weil du bei der Rechtschreibung unsicher bist?
- Stimmt die Zeichensetzung (Satzschlusszeichen, Kommas, Anführungszeichen)?

12 Wähle a) oder b) aus und schreibe eine Stellungnahme. Beziehe dich auf den Text und auf eigene Erfahrungen.

a) Werbung im Internet gehört zu unserem Alltag. Sie kann auch ganz amüsant und unterhaltsam sein.

b) Werbung im Internet und in sozialen Netzwerken nervt. Man kann ihr kaum entkommen.

Eine Aufgabenstellung zum Text unten könnte so oder ähnlich formuliert sein:

1. Analysiere den Text „Wie wir im Internet verführt werden". Gehe dabei so vor:
a) Formuliere eine Einleitung mit Angaben zu Textsorte, Autor, Titel und Thema.
b) Fasse mit eigenen Worten zusammen, welche Werbestrategien angesprochen werden.
c) Erläutere die Unterschiede der Werbung im Web, in Sozialen Netzwerken und M-Commerce. Beziehe dich auf den Text.
d) Erläutere, welche Absicht der Autor mit seinem Text verfolgt. Beziehe dich auf den Text.
2. Ein Schüler sagt nach dem Lesen des Textes: „Es kommt darauf an, mit welcher Einstellung man im Internet unterwegs ist."
– Nimm Stellung zur Aussage des Schülers.
– Begründe deine Meinung
– Belege deine Ausführungen am Text.

Wie wir im Internet verführt werden

Das Internet ist das größte Einkaufszentrum Deutschlands. Mehr als die Hälfte der Bundesbürger geht online shoppen. 2011 orderten die Kunden dort Waren im Wert von über 26 Milliarden Euro, so viel wie nie zuvor. Das Netz hat Vorteile: Preisvergleich und Schnäppchenjagd funktionieren effizienter als in der Fußgängerzone. Man findet, was man sucht, noch dazu zum besten Preis – so weit die Theorie.

In der Praxis landen aber immer wieder Dinge im virtuellen Warenkorb, nach denen wir gar nicht gesucht hatten. Und die noch nicht einmal besonders günstig sind. Man will nur dieses Paar Schuhe bestellen und kauft am Ende noch drei andere und ein passendes Kleid dazu.

Die schärfste Verführungswaffe der Webhändler sind Produktempfehlungen. Beispiel Amazon: Schon auf der Startseite sind Artikel, die andere Kunden besonders interessieren, so prominent platziert wie Sonderangebote.

Die Auswertung des Kaufverhaltens ermöglicht den Verkäufern zudem, Produkte zu empfehlen, die genau unseren Interessen entsprechen. Doch auch Händler, bei denen wir noch nie bestellt haben, wissen unter Umständen, was uns interessiert. Sie erfahren es aus dem Internet. Selbst wenn wir irgendwo unser Geschlecht, unsere Hobbys oder gar unser Einkommen verraten haben, bekommen wir häufig Werbung eingeblendet, die genau auf uns zugeschnitten ist. Möglich ist das dank eines Verfahrens, das man Targeting nennt. Dazu werden Cookies ausgewertet, also jene Dateien, die automatisch angelegt werden, wenn man eine Seite besucht. So erfährt die Werbeindustrie, welchen Interessen man online nachgeht. Die Identität des Internetnutzers, so beteuern die Betreiber, sei nicht feststellbar, nur sein statistisches Ebenbild sei von Interesse.

Anders ist es bei persönlichen Profilen in Sozialen Netzwerken. Zunehmend nutzen Werbetreibende insbesondere Facebook, um uns zum Kauf zu animieren, indem sie uns Anzahl und Fotos jener Freunde präsentieren die sich als Fans eines Produkts geoutet haben. Diese Verzahnung zwischen Kontaktpflege und Kommerz wird wohl weiter zunehmen. Gut möglich, dass es bald neben dem „Gefällt mir"-Button auch einen „Kauf ich mir"-Knopf zur Sofortbestellung gibt.

Neuerdings geht der Trend hin zum M-Commerce: Das Einkaufen im Netz wird mobil. Voraussichtlich schon 2014 werden mehr Nutzer mit Smartphones oder Tablets ins Internet gehen als klassisch über PC oder Notebook. Und bereits heute tragen fast alle Plakate QR-Codes, die darauf warten, abfotografiert zu werden. Einmal gescannt leiten sie sofort auf die Website des Shops weiter, der das beworbene Produkt anbietet.

Die Codes sind nur ein erster Schritt auf dem Weg zum grenzenlosen Überall-Shopping. Irgendwann wird es reichen, ein Shirt oder ein Paar Schuhe, die man an einem Freund oder Passanten entdeckt, mit dem Handy zu fotografieren, um sie zu bestellen. Verlockungen lauern überall.

Maximilian Geyer

1 Bereite die Lösung dieser Schreibaufgabe vor.

» Übertrage dazu die folgende Mindmap auf ein Zusatzblatt und ergänze sie.

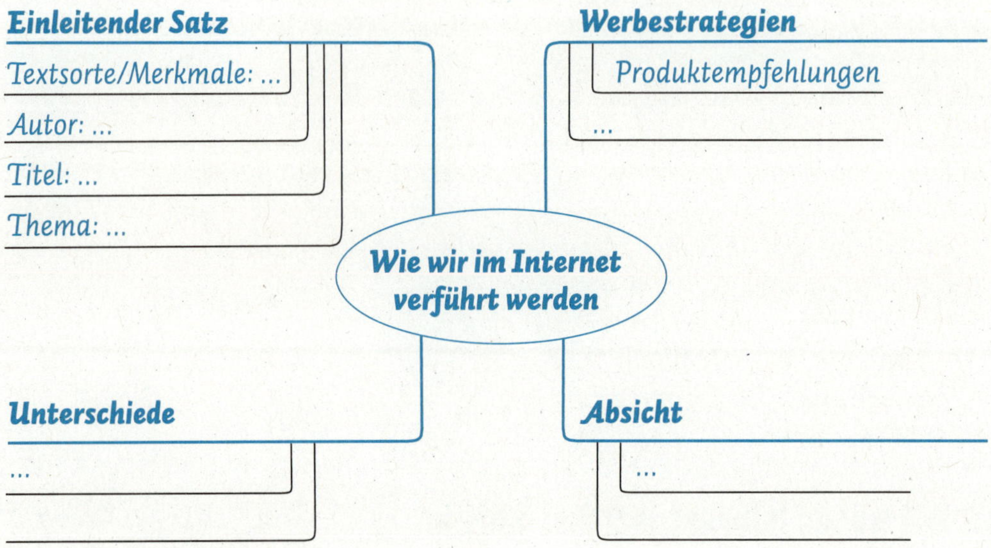

» Oder bearbeite die folgenden Aufgaben:

– Formuliere in einem Satz, worum es im Text geht (Teilaufgabe 1a).

– Notiere Merkmale, an denen du erkennst, um welche Textsorte es sich handelt (Teilaufgabe 1a).

– Gib die angesprochenen Werbestrategien in Stichworten wieder (Teilaufgabe 1b).

– Welche Unterschiede stellst du fest (Teilaufgabe 1c)? Notiere sie mit Zeilenangabe.

– In welcher Absicht schreibt der Autor (Teilaufgabe 1d)? Notiere Formulierungen, an denen du das erkennst (mit Zeilenangabe).

2 Wie stehst du zur geäußerten Meinung des Schülers (Teilaufgabe 2)? Lies noch einmal die Aufgabenstellung auf Seite 35.

Ich stimme der Meinung des Schülers ☐ zu ☐ nicht zu.

Überlege und notiere, welche Gesichtspunkte und Beispiele aus dem Text deine Meinung stützen können, welche nicht. Ergänze auch eigene.

3 Erstelle einen Schreibplan. Nutze dazu die Reihenfolge der Aufgaben und Teilaufgaben.

4 Schreibe deinen Text auf einem Zusatzblatt. Nutze dazu deine Vorarbeiten.

5 Überprüfe deinen Text. Nutze dazu die Checkliste auf Seite 34.

Texte analysieren, vergleichen und beurteilen

Hier übst du noch einmal, unterschiedliche Texte (Schaubilder, Sachtexte) zum gleichen Thema („Heimat“) mithilfe von Aufgaben zu analysieren, zu vergleichen und zu beurteilen. Im Anschluss sollst du eine schriftliche Stellungnahme abgeben, in der du deine Meinung formulierst und mithilfe der Texte begründest.
Du bearbeitest diese Aufgaben in Einzelschritten:
- *Als Einstieg ins Thema untersuchst du ein Schaubild (S. 38/39).*
- *Dann bearbeitest du drei Texte und fasst sie zusammen (S. 40–44).*
- *Anschließend vergleichst du diese Texte miteinander (S. 45).*
- *Zum Schluss gibst du eine schriftliche Stellungnahme ab, in der du deine eigene Meinung formulierst. Dabei nutzt du die Informationen aus den Texten (S. 45).*

1 Untersuche das Schaubild „Heimat“. Mache dir Notizen:

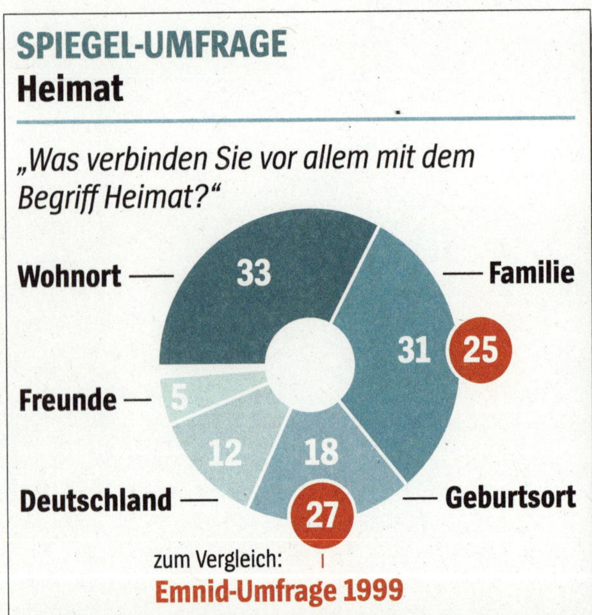

(TNS Forschung am 27. und 28. März 2012; 1000 Befragte; Angaben in Prozent; an 100 fehlende Prozent: keine Angabe)

– Über welches Thema informiert das Schaubild?

____

– Woher stammt das Schaubild? Welche Jahre werden erfasst?

____

____

– Was bedeuten die Zahlen, Farben und Teile im Kreisdiagramm?

____

____

– Fasse die wichtigsten Informationen in Stichworten zusammen:

____

____

____

____

– Über welche Information wunderst du dich? Warum?

____

____

2 Ergänze den Informationstext mithilfe des Schaubilds und deiner Notizen:

Das Schaubild informiert über das Thema ______________________________.

Es stammt aus dem Jahre ________________________. Die TNS Forschung hat ______________________ befragt, was sie mit dem Begriff „Heimat" verbinden. Die meisten, genau _______________ Prozent, verbinden ihren Wohnort mit dem Begriff „Heimat". Mit 31 Prozent wurde an zweiter Stelle ____________________ genannt. Ihren ____________________________ verbinden 18 Prozent mit dem Begriff „Heimat". Es folgt __________________________ mit 12 Prozent, auf der letzten Position stehen „Freunde" mit nur _______ Prozent.

Wenn man die Zahlen von 2012 mit einer Emnid-Umfrage aus dem Jahre 1999 vergleicht, zeigt sich, dass der Anteil der Befragten, die „Familie" mit Heimat verbinden, um _______ Prozent zugenommen hat. Hingegen ist der Anteil der Befragten, die den Geburtsort mit dem Begriff „Heimat" verbinden, von 27 Prozent auf 18 Prozent _________________________.

Interessant an dieser Grafik finde ich __________________________________

____

3 Das Schaubild zeigt zwei Veränderungen zwischen 1999 und 2012. Vergleiche die Zahlen und nimm Stellung: Welche Gründe für die Veränderung könnte es geben?

____

____

____

4 Was verbindest **du** vor allem mit dem Begriff „Heimat"? Begründe deine Meinung.

____

____

In einer Reportage hat der Journalist Dirk Kurbjuweit Menschen aus verschiedenen Regionen in Deutschland gefragt, was „Heimat" für sie bedeutet.

1 Lies drei Texte aus dieser Reportage (S. 41–43).
Markiere beim Lesen die Antworten auf folgende Fragen:
a) Mit wem hat der Journalist gesprochen?
b) Wo leben die befragten Personen?
c) Was machen sie dort?
d) Was bedeutet „Heimat" für sie? Schreibe jeweils die passende Überschrift über die Texte:
„Das Netz ist eine meiner Heimaten."
„Haidenkofen ist unsere Heimat."
„Mein Zimmer ist meine Heimat."

2 Fülle die Tabelle aus. Nutze dabei deine Markierungen in den Texten.

	Text 1	**Text 2**	**Text 3**
a) Befragte Personen	*Eva Gerl, Christina Rominger, Albert Rominger und drei weitere Dorfbewohner*		
b) Wohnort			
c) Weitere Informationen			
d) Heimat ist ...			

3 Vergleiche die Grafik mit den Antworten der befragten Personen:
– Welche Antworten passen zu der Grafik? Welche nicht?
– Wo lassen sich diese Antworten in die Grafik einordnen?

wortstark PLUS 10
Werkstattheft

Name: ______________________________

Lösungsteil

Seite 6–9:

1 Mögliche Fragen:
- Wieso lebt sie mit 13 schon bei Freunden?
- Welcher Mann ist das?
- Was ist das für ein Treffen?
- Warum treffen die beiden sich?
- ...

2 Ich-Erzähler

3 Alter:
- 14 Jahre, als der Anruf kam
- 17 Jahre, als ihr Vater stirbt

Wohnort:
- Berlin, bei Freunden

Tätigkeit:
- geht zur Schule
- arbeitet als Putzfrau und Kindermädchen

Familie (als weiterer Ast der Mindmap):
- hat eine Schwester
- lebt von Eltern getrennt bei Freunden, seit sie 13 ist

4 Der Mann ist der Vater der Ich-Erzählerin.
Spätestens an der letzten Zeile erkannt: „außerdem hatte sie meinen Vater zu wenig gekannt und nicht geliebt."

5 Mögliche Notizen zur Handlung der Geschichte:
- Ich-Erzählerin lebt bei Freunden in Berlin.
- Mit 14 Jahren wird sie von einem fremden Mann angerufen. Es ist ihr Vater, der sie kennenlernen möchte.
- Sie trifft sich mit ihm und lernt ihn kennen.
- Als sich herausstellt, dass der Vater todkrank ist, besucht die Ich-Erzählerin ihn regelmäßig im Krankenhaus.
- Die Bitte ihres Vaters nach Morphium erfüllt die Erzählerin nicht.
- Stattdessen backt sie ihm auf seinen Wunsch hin Streuselschnecken.
- Kurz nach ihrem 17. Geburtstag stirbt er.
- Zusammen mit ihrer Schwester geht die Ich- Erzählerin zu seiner Beerdigung.

6 Textstellen, die die Fremdheit belegen:
- Z. 3: „eine fremde Stimme"
- Z. 4–6: „der Mann nannte mir seinen Namen, sagte mir, er lebe in Berlin, und fragte, ob ich ihn kennenlernen wolle."
- Z. 8: „empfand ich eher Unbehagen"
- Z. 12: „schüchtern"
- Z. 20: „schließlich kannte ich ihn kaum"
- Z. 25/26: „waren uns noch immer etwas fremd"

Textstellen, die belegen, dass sie sich gemocht haben:
- Z. 27/28: „ich besuchte ihn im Krankenhaus und fragte, was er sich wünsche."
- Z. 28: „Er sagte mir, er habe Angst vor dem Tod."
- Z. 29/30: „Er fragte mich, ob ich ihm Morphium besorgen könne."
- Z. 34/35: „Manchmal brachte ich im Blumen"
- Z. 35–37: „ich fragte ihn, ob er sich Kuchen wünsche, schließlich wusste ich, wie gern er Torte aß"
- Z. 39: „Ich (...) buk Streuselschnecken, zwei Bleche voll."
- Z. 41: „Er sagte, er hätte gerne mit mir gelebt"

7 Textstellen, die die nüchterne Erzählweise belegen:
- Z. 26/27: „Er starb ein Jahr lang, ich besuchte ihn im Krankenhaus (...)"
- Z. 43–47: „Kurz nach meinem siebzehnten Geburtstag war er tot. Meine kleine Schwester kam nach Berlin, wir gingen gemeinsam zur Beerdigung. Meine Mutter kam nicht. Ich nehme an, sie war mit anderem beschäftigt (...)"

8 Mögliche Antworten:
a) Zu Beginn der Geschichte haben beide keine Beziehung. Sie sind sich fremd und kennen einander nicht. Sie treffen sich zwei Jahre lang, dennoch behauptet die Ich-Erzählerin, dass sie sich immer noch fremd sind. Als der Vater krank wird, umsorgt seine Tochter ihn dann doch liebevoll. Daran sieht man, dass sie ihn sehr mag.
b) Die Autorin erwähnt erst ganz am Schluss, wer der Mann ist, damit die Spannung aufrechterhalten bleibt. So wird auch die Fremdheit zwischen ihm und seiner Tochter ausgedrückt. Hätte die Ich-Erzählerin gleich zu Beginn von dem Mann als ihrem Vater gesprochen, hätte diese Bezeichnung Vertrautheit und eine Vater-Tochter-Beziehung geschaffen. Dies wollte die Autorin verhindern, da die zwei einander kaum kannten. Dass es immer nur „der Mann" heißt, betont die gestörte familiäre Beziehung. Die Auflösung am Schluss im Zusammenhang mit dem Tod des Vaters lässt den Verlust umso tragischer wirken.
c) Die Geschichte heißt „Streuselschnecke", weil die Ich-Erzählerin ihrem Vater kurz vor seinem Tod zwei Bleche voll Streuselschnecken backt und sie ihm ins Krankenhaus bringt. Mit dieser Kleinigkeit erfüllt sie ihm seinen letzten Wunsch und zeigt ihm ihre Liebe.

9 Beispiel für einen Interpretationstext:

Die Geschichte trägt den Titel „Streuselschnecke" und wurde von Julia Franck verfasst. Thema der Geschichte ist die Beziehung zwischen Vater und Tochter.
Erzählt ist die Geschichte aus der Ich-Perspektive. Die Ich-Erzählerin berichtet, dass sie bei Freunden in Berlin lebt, da sie mit 13 Jahren ihre Mutter und ihre Schwestern verlassen hat. Mit 14 Jahren wird sie von einem fremden Mann angerufen, der ihr Vater ist und sie kennenlernen möchte. Sie trifft sich mit ihm und lernt ihn kennen. Wir erfahren von der Erzählerin, dass sie selbst nach zwei Jahren keine tiefere Beziehung zueinander haben und sich fremd sind. Dies ändert sich, als sich herausstellt, dass der Vater todkrank ist. Die Ich-Erzählerin besucht ihn regelmäßig im Krankenhaus und umsorgt ihn liebevoll. Sie backt ihm Streuselschnecken. Kurz nach ihrem 17. Geburtstag stirbt er. Zusammen mit ihrer Schwester geht die Ich- Erzählerin zu seiner Beerdigung. Ihre Mutter zeigt keine Anteilnahme.
Die Beziehung der Ich-Erzählerin zu ihrem Vater sehe ich so: Zunächst scheinen die beiden Personen sich ziemlich fremd zu sein. Das kann man daran erkennen, dass die Ich-Erzählerin die Stimme ihres Vaters am Telefon als „fremd" (Z. 3) beschreibt. Sie spürt „Unbehagen" (Z. 8) vor ihrer ersten Begegnung und er verhält sich bei ihrem Treffen „schüchtern" (Z. 12). Mit der Begründung „schließlich kannte ich ihn kaum" bittet die Tochter ihren Vater auch nicht um Geld (Z. 20). Selbst nach zwei Jahren meint sie, dass sie einander fremd waren (Z. 25/26). Später aber wird deutlich, dass sie sich mögen. Als der Vater der Ich-Erzählerin todkrank wird, besucht sie ihn regelmäßig im Krankenhaus. Sie umsorgt ihn liebevoll und fragt, „was er sich wünsche" (Z. 27). Sie bringt ihm Blumen mit (Z. 34/35) und backt zwei Bleche voll Streuselschnecken für ihn (Z. 39). Dass der Vater seine Tochter mag, wird deutlich, als er sagt, „er hätte gerne mit (ihr) gelebt." (Z. 41)

Auffällig an der Sprache ist, dass die Geschichte sehr nüchtern erzählt wird. Dies sieht man beispielsweise an Z. 43–47: „Kurz nach meinem siebzehnten Geburtstag war er tot. Meine kleine Schwester kam nach Berlin, wir gingen gemeinsam zur Beerdigung. Meine Mutter kam nicht. Ich nehme an, sie war mit anderem beschäftigt (...)."
Meiner Meinung nach ist die zentrale Aussage der Geschichte, dass man die Beziehung zu Familienmitgliedern, besonders zu seinen Kindern, pflegen sollte. Der Vater meldet sich erst nach 14 Jahren bei seiner Tochter. Für eine vertraute, emotionale Beziehung scheint es zu spät zu sein. Selbst nach zweijährigen Unternehmungen sind sie einander fremd. Erst die Krankheit des Vaters bringt die beiden einander näher. Der Tod des Vaters ist tragisch, da die Tochter Abschied von ihm nehmen muss, obwohl sie ihn gerade erst kennengelernt hat.
Der Schluss der Geschichte macht deutlich, dass die Beziehung der Familienmitglieder sehr tragisch ist. Vater und Tochter kannten einander kaum, deswegen erfährt der Leser auch erst zum Schluss, dass der Mann in der Geschichte ihr Vater ist. Gerade die Anonymität verdeutlicht die Fremdheit zwischen den beiden. Die Mutter scheint sich nicht um ihre Familie zu kümmern, da sie nicht einmal zur Beerdigung kommt.
Den Titel würde ich so erklären, dass er auf die Liebe der Tochter zu ihrem Vater hinweist. Die Geschichte heißt „Streuselschnecke", weil die Ich-Erzählerin ihrem Vater kurz vor seinem Tod zwei Bleche voll Streuselschnecken backt und sie ihm ins Krankenhaus bringt. Mit dieser Kleinigkeit erfüllt sie ihm seinen letzten Wunsch und zeigt ihm ihre Liebe.

Seite 10–12:

2 Mögliche Antworten:
a) Ich-Erzähler
b) die Hauptfigur ist viel unterwegs; wohnt allein; der Anrufbeantworter hat eine besondere Bedeutung in seinem Leben (er beachtet als Erstes den Anrufbeantworter, wenn er in seine Wohnung kommt, und er hört Nachrichten immer wieder ab); er hat wenige private Kontakte zur Außenwelt; er freut sich auf die Post; er hat zwei Freunde, die Daniela und Michel heißen
c) Der Anrufbeantworter speichert Nachrichten, die von Anrufern hinterlassen wurde. Diese Nachrichten können immer wieder abgehört oder gelöscht werden. Man kann das Datum und die Uhrzeit sehen, zu der die Nachricht hinterlassen wurde.
d) Der Anrufbeantworter ist für den Ich-Erzähler die Verbindung zur Außenwelt.
e) „... dass sich der Briefkasten füllt. Ein Vergnügen, das mir höchstens einmal am Tag widerfährt. Die andere ist das grüne Lämpchen an meinem Anrufbeantworter." (Z. 10ff.); „Wenn dort eine 5 zu sehen ist, kann man sich freuen." (Z. 13); „Michel improvisiert oft sehr lustige Sachen, über die ich lachen muss" (Z. 17)

3 Mögliche Deutungen:
a) Der Ich-Erzähler scheint die Frau sehr zu mögen, die ihm auf den Anrufbeantworter gesprochen hat, da er ihre Stimme als „Lieder" bezeichnet und ihre Nachrichten nicht löschen will. Mit der Bezeichnung „Lieder, die mir etwas versprechen" drückt der Ich-Erzähler seine Hoffnung auf eine gemeinsame Zukunft mit der Frau aus. Er scheint einsam zu sein und Sehnsucht nach der Frau zu haben.
b) Ich stimme Franziskas Deutung der Geschichte zu. Der Ich-Erzähler scheint sehr einsam zu sein. Dennoch unternimmt er nichts, um mit der Frau, nach der er sich sehnt, Kontakt aufzunehmen. So nimmt er nicht den Hörer ab, als sie anruft. Er ist nicht in der Lage, den entscheidenden Schritt auf sie zuzugehen. Entweder ist der Ich-Erzähler sehr schüchtern oder er scheint sich über seine eigenen Gefühle nicht im Klaren zu sein. Er sagt nicht, dass er in die Frau verliebt ist, sondern dass er glaubt, in die Frau verliebt zu sein. Sicher ist er sich nicht.
c) Nein, ich finde nicht, dass alles bestens ist. Der Ich-Erzähler ist sehr einsam, da er allein wohnt und immer wieder seinen Anrufbeantworter abhört. Außerdem bereitet es ihm großes Vergnügen, wenn er Post bekommt. Er scheint sich über jede Art von Kommunikation zu freuen, da er nicht viel mit anderen Menschen spricht.

4 Beispiel für einen Interpretationstext:

Die Geschichte „Alles bestens" von Selim Özdoğan handelt von einem Mann, der ziemlich einsam ist.
Der Erzähler berichtet in der Ich-Form. In der Geschichte wird beschrieben, dass der Anrufbeantworter eine besondere Bedeutung im Leben des Erzählers spielt.
Die Hauptfigur ist ein Mann. Er wohnt allein und fühlt sich einsam. Das erkennt man daran, dass es für ihn ein Vergnügen ist, wenn sich der Briefkasten füllt und dass er sich freut, wenn er Nachrichten auf dem Anrufbeantworter hat. Er scheint nicht viel mit anderen Menschen zu sprechen, da er sich über jede Art von Kommunikation freut. Ganz wichtig für ihn ist der Anrufbeantworter und eine besondere Nachricht: diejenige von einer Frau, in die er verliebt ist. Er bezeichnet ihre Stimme als „Lieder" (Z. 40). Mit der Bezeichnung „Lieder, die mir etwas versprechen" drückt der Ich-Erzähler seine Hoffnung auf eine gemeinsame Zukunft mit der Frau aus. Er scheint Sehnsucht nach der Frau zu haben.
Die Geschichte ist so geschrieben, wie man spricht. Das kann man an folgenden Stellen erkennen: „Ich kann (...) sehen, wer am Dienstag angerufen hat, wer Mittwochnacht und wer Donnerstagmorgen" (Z. 2ff.); „Die beiden können ganz schön lange auf den Anrufbeantworter sprechen." (Z. 17); „ die anderen drei Nachrichten, die anderen drei Nachrichten sind auch von ihr" (Z. 37)
Ich finde nicht, dass in der Geschichte „alles bestens" ist. Der Ich-Erzähler ist sehr einsam, da er allein wohnt und nicht viel mit anderen Menschen spricht. Dennoch unternimmt er nichts, um mit der Frau, nach der er sich sehnt, Kontakt aufzunehmen. So nimmt er nicht den Hörer ab, als sie anruft. Er ist nicht in der Lage, den entscheidenden Schritt auf sie zuzugehen. Entweder ist der Ich-Erzähler sehr schüchtern oder er scheint sich über seine eigenen Gefühle nicht im Klaren zu sein. Er sagt nicht, dass er in die Frau verliebt ist, sondern dass er glaubt, in die Frau verliebt zu sein. Sicher ist er sich nicht.

Seite 13:

2 Beispiel für einen Interpretationstext:

Die Geschichte „Gibs auf!" von Franz Kafka handelt von einem Menschen, der sich nicht genug zutraut.
In der Geschichte wird beschrieben, wie er früh morgens zum Bahnhof geht. Er bemerkt, dass er sich verspätet und wird unsicher. Daher fragt er einen Schutzmann nach dem Weg. Dieser gibt jedoch nicht die erhoffte Auskunft. Stattdessen gibt er den Rat, aufzugeben.
Der Erzähler berichtet in der Ich-Perspektive. Es ist unklar, ob es sich bei der Hauptfigur um einen Mann oder eine Frau handelt. Es wird herausgestellt, dass der Erzähler sehr unsicher ist. Er bekommt einen Schrecken, als er bemerkt, dass er sich verspätet. Seine Gedanken kreisen um den Weg, den er eingeschlagen hat. Verunsichert, ob er sich auf dem richtigen Weg befindet, fragt er einen Schutzmann um Hilfe. Der Erzähler ist sehr aufgeregt und nervös. Seine Unsicherheit wird dadurch hervorgerufen, dass er den Schutzmann „atemlos" (Z. 9) nach dem Weg fragt und sagt: „da ich (den Weg) selbst nicht finden kann." (Z. 11)
Es fällt auf, dass der Satzbau die Gefühle des Erzählers wiedergibt. Die Aneinanderreihung von fünf eigenständigen Sätzen zu einem Satz verdeutlicht die Panik und Atemlosigkeit des Erzählers. Er traut sich nicht, Luft zu holen und seinen Weg selbstbewusst weiterzugehen, ebenso wenig ist es möglich, in diesem langen Satz Luft zu holen.
Ich gebe Stephans Deutung Recht. Die Hauptperson hätte auf seine eigene Kenntnis des Weges vertrauen müssen, ohne Panik zu spät zu kommen. Wäre er selbstbewusst seinen Weg weiterge-

gangen, hätte er sein Ziel erreicht. Der Autor appelliert an die Leser, ihre Ziele zu verwirklichen und sich nicht verunsichern zu lassen.

Seite 14–19:

2 Am besten passt die Aussage: „Der Mann denkt nur an sich und seine Sportinteressen."
Mögliche Begründung:
– Die anderen Aussagen beziehen sich auch auf den Text, aber sie berücksichtigen jeweils nur einen Teilaspekt.
– Wie sehr der Mann seine egoistischen Interessen in den Vordergrund stellt, zeigt die Schlusspointe: Seine Frau soll In erster Linie zurückkommen, um zu kochen und abzuwaschen. Aber er kann sie wegen eines „wichtigen" Sportereignisses nicht mal abholen.
– Es wird im Laufe des Textes immer wieder deutlich, dass er sich überhaupt nicht um häusliche Arbeiten kümmert, sondern seine Sportübertragungen sehen und bedient werden will.

3 Wir erfahren es dadurch, dass der Mann am Telefon die Vorwürfe wiederholt, sie mit seinem Verhalten in Zusammenhang bringt und aus seiner Sicht kommentiert, also sie herunterspielt.

4 Folgende Vorwürfe werden dem Mann gemacht:
– hat kein Laub zusammengeharkt,
– hat nicht mit seiner Frau gesprochen (außer um nach Bier zu fragen),
– kam nicht zum Essen an den Tisch,
– ließ seine Frau während einer Übertragung nicht ins Zimmer (oder schickte sie hinaus, als sie etwas besprechen wollte),
– brachte das schmutzige Geschirr nicht in die Küche,
– weigerte sich lautstark, Kleider auf den Dachboden zu bringen,
– ist unhöflich zu den Gästen und kümmert sich überhaupt nicht um sie.

5 Hier sind mehrere Lösungen möglich. Am besten passt: unterhalten, bewusst machen, kritisieren.

6 Lösungsbeispiel:

Sprachliches Mittel	Zitat	Wirkung
Untertreibung/ Verharmlosung	„Doch, ich sprach mit ihr am Samstagnachmittag. Ich erinnere mich genau, ich fragte sie, warum sie kein Bier auf Eis gelegt hätte." (Z. 9–11) (Auch die „Begegnung" mit den Gästen, Z. 39–44, passt hier.)	Es wirkt lustig, aber man kann sich die Situation auch gut vorstellen und versteht, warum die Frau ihn verlassen hat.
Übertreibung	„Ich musste das große Rennen im Aqueduct sehen, und dann kamen die Sportnachrichten (...) aber das Glück wollte es, dass als Nächstes ein Hockeyspiel gesendet wurde."	Es wird deutlich, dass für den Mann die Sportübertragungen über alles gehen.

7 Lösungsvorschlag:
a) Der Autor kritisiert, dass der Mann nur seine Sportübertragungen im Kopf hat und dem alles andere unterordnet: Haushalt, Ehe, Familienleben, Gäste ...
b) Der Mann hat durch den Auszug seiner Frau nichts dazugelernt. Er würde nie etwas für sie tun, wenn irgendein Sportereignis wichtiger ist.
c) Der Mann hat ein engeres Verhältnis zu Sportübertragungen im Fernsehen als zu seiner Frau. Er wird sich nicht ändern und für die Frau wird das ein Grund sein, sich scheiden zu lassen. Ganz allgemein könnte die Überschrift darauf anspielen, dass in manchen Beziehungen das Fernsehen zu sehr im Vordergrund steht.

9 1. Einleitung:
Angaben zum Verfasser, zur Textart und zur Thematik

2. Hauptteil:
2.1. Wiedergabe des Inhalts in kurzer Form
2.2. Die sprachlichen Mittel mit ihren Wirkungen darstellen
2.3. Textabsicht

3. Schluss:
Stellungnahme mit persönlicher Meinung

10 Lösungsvorschlag:

Die Geschichte „Fernsehen als Scheidungsgrund" wurde von Art Buchwald verfasst. Sie handelt von den Auswirkungen, die übermäßiges Fernsehen haben kann.
Ein Mann telefoniert die ganze Zeit mit seiner Mutter. Dabei erfährt man, dass seine Frau sich bei der Mutter aufhält und nicht mit ihm sprechen will. Was sie ihm vorwirft, erfährt man nur indirekt, indem der Mann die Mitteilungen der Mutter am Telefon aufgreift und herunterspielt. Es wird deutlich, dass die Frau ihn verlassen hat, weil er sich nur noch für die Sportübertragungen im Fernsehen interessiert und keine einzige Sendung verpassen will. Nach Ansicht des Autors kann Fernsehen wirklich zu Streit zwischen Eheleuten und sogar zur Scheidung führen, wenn man sich mehr um die Sendungen als um seinen Partner kümmert.
Er stellt die Auswirkungen eines solchen Verhaltens zum Teil sehr übertreibend dar, z. B. als der Mann drei Sportsendungen hintereinander sieht und deshalb nicht mal zum gemeinsamen Essen aufstehen will (Z. 12–19). Durch Untertreibungen und Verharmlosungen des Mannes wird deutlich, dass er seine Fehler herunterspielt und sich gar nicht darüber bewusst ist, wie sehr er seine Frau kränkt. Er spricht z. B. nur mit ihr, um sie zu fragen, „warum sie kein Bier auf Eis gelegt hätte" (Z. 10/11).
Ich finde die Aussage, die jemand zu dieser Geschichte gemacht hat, nur zum Teil richtig. Die Mutter hat natürlich als Vermittlerin zwischen ihrem Sohn und seiner Frau eine schwierige Rolle. Aber noch mehr ist eigentlich die Frau zu bedauern, weil spätestens am Schluss der Geschichte deutlich wird, dass dieser Mann sein Verhalten wohl nie ändern wird.

12 Lösungsvorschlag:

In der Geschichte „Der Verkäufer und der Elch" von Franz Hohler geht es um einen cleveren Verkäufer, der es sogar fertig bringt, etwas zu verkaufen, was man eigentlich gar nicht braucht.
Weil nach einem Sprichwort ein Verkäufer erst wirklich gut ist, wenn er einem Elch eine Gasmaske verkauft, besucht ein cleverer Verkäufer einen Elch. Er erzählt ihm, dass er eine Gasmaske braucht, aber der Elch lehnt ab. Daraufhin lässt er im Wald eine Fabrik bauen, die die Luft so verschmutzt, dass nun der Elch selbst zum Verkäufer geht und eine Gasmaske kaufen will. Der Verkäufer kann auch allen anderen Elchen Gasmasken verkaufen, denn schließlich ist das das Produkt, das in der Fabrik hergestellt wird.
Der Autor verdeutlicht das Vorgehen des Verkäufers, indem er viel wörtliche Rede verwendet. Das Gespräch geht zwischen dem Verkäufer und dem Elch in kurzen Sätzen hin und her, genau wie es bei einem Verkaufsgespräch üblich ist. (...)

Seite 20/21:

1 Zutreffend: Lösung b.

2 Zuordnung von Farben und Begriffen:
– blau = Metaphern
– rot = Gegenätze
– gelb = Wiederholung gleicher Satzanfänge
– grün = Wiederholung gleicher Anfangsbuchstaben (Alliteration)
– grau = abgebrochene Sätze, Gedankenstriche, Auslassungspunkte

3 Weitere sprachliche Besonderheiten:
- durchgehend umarmender Reim
- gleichbleibendes Versmaß: (monotoner) Wechsel von unbetonter/betonter Silbe
- Das Versmaß ändert sich nur an Stellen, die besonders betont werden sollen:

3. Strophe/1. Zeile: *jetzt schon*
3. Strophe/3. Zeile: Nicht mal ein Auto ...? *Nein, wie sie das finden*
4. Strophe/4. Zeile: *Wir sind die Herren, denn unser ist das Geld*
5. Strophe/3. Zeile: *Wenn sie doch vierzehn blieben*

4 Wirkung der sprachlichen Besonderheiten:
- Durch gleichförmige Reime und gleichförmiges Versmaß entsteht ein monotoner Klang; nichts verändert sich im Klang, auch das Denken der Kinder der Reichen verändert sich nicht.
- Nur an einigen Stellen, an denen das Versmaß durchbrochen wird, wird der Einspruch des lyrischen Ichs deutlich. Ärger und Einspruch des lyrischen Ichs zeigt sich auch an dem krassen Widerspruch „Villen – Destillen“, an dem ironischen Zitat „Nicht mal ein Auto ...? Nein, wie sie das finden!“, an dem höhnischen „Papas Portemonnaie“ (Stabreim/Alliteration), der böse übertreibenden Metapher „Kommen schon mit Abitur zur Welt“, an dem Ausruf „Mit vierzehn schon!“ und an dem Stoßseufzer „Wenn sie doch vierzehn blieben“.
- Der offene Schluss „Jedoch die Kinder werden einmal groß ...“ deutet die Resignation des lyrischen Ichs an: Alles wird wohl so weitergehen wie gewohnt ...

5 Mögliche Ergänzungen der Gedichtinterpretation:

Markierte Textstellen	Ergänzungen
... geht es um Kinder.	... geht es darum, wie die Kinder der Reichen über arme Leute denken und wie sie sich verhalten/aufspielen.
... was Kinder reicher Eltern über arme Leute alles nicht wissen.	Sie wissen nämlich fast nichts von dem Schmutz, in dem sie leben müssen, von Wohnungsnot und Geldsorgen („Stempelngehn“), von Hungerlöhnen usw.
Dass diese Kinder sich deshalb wie Könige fühlen ...	Sie rechnen sich zur feinen Gesellschaft, machen sich lustig über Arme („nicht mal ein Auto ...“).
... welche Vorteile sie von Geburt an haben und welche Rechte sie daraus ableiten.	Z. B. haben sie Vorteile bei einer Bewerbung (durch Empfehlung ihrer reichen Eltern, die Beziehungen haben). Sie finden das auch völlig in Ordnung und sehen nicht, wie ungerecht das z. B. gegenüber den Kindern armer Eltern ist.
Ich finde, dass das monotone Reimschema und das gleichmäßige Versmaß gut zur inhaltlichen Aussage passen und sie verstärken.	Genauso gleichbleibend wie der Klang des Gedichtes verläuft das Leben der Armen und der Reichen. Die Reichen bleiben bei ihrer überheblichen Meinung und ihren Vorrechten, die traurige Lebenssituation der Armen bleibt auch die gleiche, ändert sich nicht.
Allerdings wird in der dritten Strophe das monotone Versmaß durchbrochen ...	Dadurch werden diese Textstellen betont: Es wird hervorgehoben, dass die Autorin traurig und empört ist über das Denken der reichen Kinder. Die Autorin zitiert in ironischer Form ihre Sprüche („– Nicht mal ein Auto ...? Nein wie sie das finden!“) und macht sich lustig über die verzogenen „Kids“, die doch nur „Pappis Portemonnaie“ vorweisen können.
Das merkt man auch an der Metapher in der 4. Strophe: „Sie kommen meist mit Abitur zur Welt“.	Das Gymnasium konnten zu dieser Zeit meist nur die Kinder reicher Eltern besuchen, nicht die Kinder der Armen. Das Abitur bedeutete in der Regel, dass der oder die Betreffende viel bessere berufliche Chancen haben würde. Wenn ein Kind also „schon mit Abitur zur Welt kommt“, ist damit seine Karriere schon festgelegt, nur durch die Geburt.
... sich Gedanken zu machen ...	Gedanken darüber zu machen, ob solche Zustände nicht geändert werden müssen und nicht für alle Ewigkeit bestehen bleiben dürfen.

Seite 22/23:

7 Zum Beispiel:
Jemand fühlt sich nicht mehr wohl in der Stadt, will weg, aufs Land oder in eine andere Stadt.

9 Zuordnung der markierten Textstellen zu den Fachbegriffen:
- gelb = Wiederholungen
- grün = Stabreime (Alliterationen)
- blau = Sprachbilder
- rot = Wortneubildungen

Hinweise zu Reimen und Strophenaufbau:
Das Gedicht besteht aus 6 Strophen zu je 4 Versen. Auffällig ist, dass die Verslänge sehr unterschiedlich ist: Einige Verse bestehen nur aus einem Wort oder einigen wenigen Worten und sie enden fast alle mit einem Gedankenstrich; dadurch entsteht beim Lesen und Nachdenken so etwas wie eine Pause.
Bis auf die letzte Strophe sind alle Verse durch Kreuzreime verbunden (abab), in der letzten Strophe reimen sich die Verse 1–3, der letzte Vers bleibt reimlos und wird dadurch als Abschluss des Gedichts besonders betont: „Und ziehe selig in die Welt!“

Metapher „mit Bergen und Wäldern versöhnen“ erläutern:
Der bildhafte Ausdruck in Strophe 4 könnte so verstanden werden, dass das lyrische Ich vor längerer Zeit das Stadtleben dem Leben in der Natur vorgezogen hat. Somit hat es eine „traurige Natur“ zurückgelassen, mit der es sich jetzt wieder „versöhnen“, d. h. zu ihr zurückkommen möchte.

Lösungsbeispiel für die Gedichtinterpretation:

(Zu Aufgabenstellung 2a:)
Das Gedicht mit dem Titel „Ich will heraus aus dieser Stadt“ ist von Gerrit Engelke verfasst worden. Es geht darum, dass das lyrische Ich die Stadt mit ihrem Lärm, den vielen Häusern und dem Trubel hinter sich lassen will und in der Einsamkeit der Natur Ruhe finden möchte.

(Zu Aufgabenstellung 2b:)
In den Strophen 1-4 beschreibt das lyrische Ich gefühlvoll die Schönheit der Natur: die Berge, Wald und Felder im Winter („Winterfeld“), die winterliche Landschaft. In Strophe 3/4 versetzt es sich in die nächtliche Natur („nachts Wolken schwellen“), stellt sich die Wolken, die Gebirge vor, die in seine Träume hineintreten. Hier wird seine Absicht sehr deutlich: Es will „hinaus in die Natur“, heraus aus der Stadt.
Der Grund wird in Strophe 5 genannt: Weg von der Stadt mit ihren Märkten, ihrem Lärm, ihren engen Wohnungen, die man über viele Treppenstufen erst erreicht.
In der letzten Strophe spricht das lyrische Ich aus, dass seine Träume bald erfüllt sein werden, indem es sagt: „Bald habe ich diese Straßenwochen ... aufgebrochen“.

(Zu Aufgabenstellung 2c:)
Die Sehnsucht nach der Natur, der Wunsch nach Flucht aus der Stadt wird mit zahlreichen sprachlichen Mitteln verdeutlicht. Zum Beispiel in Wiederholungen von Wörtern und Wortgruppen, die deutlich machen, wie wichtig dem lyrischen Ich die Flucht aus der Stadt in die Natur ist: „Ich weiß ... Weiß ...“ (Str. 1/2), das mehrfach wiederholte „und“ in Str. 1, „Ich will hinaus ... Ich will heraus (Str. 4), „Bald ... Bald ... (Str. 6).
Auch Stabreime (Alliterationen), also die Wiederholung gleicher Anfangsbuchstaben von Wörtern, sorgen dafür, dass die Sehnsucht des lyrischen Ichs gut zu spüren ist: „Wald / Wintergarten / Wiesengarten, Weiß / Wind / Wälder, Ewig-Erde“.
Sprachbilder, besonders die Personifizierungen verdeutlichen ebenso diese Sehnsucht: „dass Berge auf mich warten“ (Str. 1, Vers 1), „der Mond nachtleise singt“ (Str. 2, Vers 3), „die Waldberge rufen, locken mich hinaus!“ (Str. 5, Vers 3 und 4). Verdeutlicht wird dies auch durch die Wortneubildung „nachtleise“.

Wie sehr das lyrische Ich die Natur, die Berge vermisst, ja sogar ein schlechtes Gewissen bekommt, nicht in der Natur, sondern in der Stadt zu leben, wird durch die Metapher „Ich will mich mit euch versöhnen“ (Str. 4,Vers 4) herausgestellt.
Manche Verse im Gedicht bestehen nur aus einem Wort oder einigen wenigen Worten. Dadurch werden diese Worte besonders hervorgehoben und durch den anschließenden Gedankenstrich entsteht eine Art Pause, sodass man dem Klang und der Bedeutung der Worte nachsinnt; außerdem reimen sich diese Verse innerhalb der Strophen: „Draußen – weit – / Voll Gotteinsamkeit –“, „So lange schon – / Den Ewig-Ton –“, „Bäume / In meine Träume –“, „Straßenbraus / Locken mich hinaus –“.
Alle Strophen bestehen aus vier Versen, die durch Kreuzreime verbunden sind. Nur in der letzten Strophe reimen sich die ersten drei Verse, der letzte Vers bleibt reimlos und wird dadurch als Abschluss des Gedichts besonders betont: „Ziehe selig in die Welt!“

(Zu Aufgabenstellung 3:)
Ich kann die Aussage der Schülerin, dass der Wunsch, aus der Stadt zu fliehen, nicht mehr in unsere Zeit passt, gut nachvollziehen. Die meisten Menschen leben heute in Städten und haben sich daran gewöhnt oder finden es sogar gut. Damals war das vielleicht noch anders ...
Oder: Wahrscheinlich kann sich diese Schülerin nur noch ein Leben in der Stadt vorstellen: mit Disco, Kino, Cafés und Kneipen, wo immer etwas los ist. Ich persönlich könnte mir aber gut vorstellen ...

Seite 24–29:

1 Fragen zum Textinhalt:
– Wer telefoniert hier mit wem? *Ein Mann mit seiner Mutter oder Schwiegermutter.*
– Wessen Gesprächsanteile sind in dem Text festgehalten? *Die Gesprächsanteile des Mannes.*
– Worum geht es in dem Telefonat? *Der Mann sucht nach seiner Frau, die zu seiner (oder ihrer) Mutter geflüchtet ist, weil sie die Sucht des Mannes nach Sportübertragungen nicht mehr ausgehalten hat.*

3 Perspektivenwechsel – mögliche Gesprächsanteile der Mutter:

Hallo, Mutter, ist meine Frau da?
Ja, aber sie will nicht mit dir sprechen.
Was heißt, sie will nicht mit mir sprechen? Das ist ja lächerlich.
Das ist gar nicht lächerlich. Sie ist böse auf dich.
Ich weiß, dass sie böse auf mich ist, aber es ist ja fast eine Woche her. Wie lange will sie denn noch schmollen?
Das weiß ich nicht. Aber denke daran, was vorgefallen ist.
Nichts ist vorgefallen! Gar nichts.
Das sieht sie aber ganz anders.
Du hast nur ihre Darstellung gehört.
Dauernd versprichst du ihr etwas und dann hältst du es nicht, z. B. am Sonntagabend.
Am Sonntagabend, ja, da fing es an ... Zugegeben, ich versprach das Laub zusammenzuharken, aber da wusste ich noch nicht, dass das Spiel Pittsburg gegen Syracuse im Fernsehen gezeigt würde.
Das ist ja gerade das Schlimme, dass dir das Fernsehen wichtiger ist als deine Pflichten zu Hause.
Was ist denn Schlimmes dabei, wenn man sich ein Fußballspiel im Fernsehen ansieht?
Nicht nur eins, du siehst oder hörst dir ja gleich danach noch weitere Spiele an.
Ja, ja, ich hörte mir auch das Spiel Notre-Dame gegen Marine im Radio an, aber das war das große Sportereignis der Woche.
Und vor lauter Sportübertragungen sprichst du nicht mehr mit deiner Frau.
Doch, ich sprach mit ihr am Samstagnachmittag. Ich erinnere mich genau, ich fragte sie, warum sie kein Bier auf Eis gelegt hätte.
Und außerdem bist du noch nicht mal zum Essen gekommen.
Sie sagt, ich wäre nicht zum Essen gekommen? Das entspricht nicht ganz der Wahrheit. Ich musste das große Rennen im Aqueduct sehen, und dann kamen die Sportnachrichten, und ich sagte, danach würde ich gleich zu Tisch kommen, aber das Glück wollte es, dass als Nächstes ein Hockeyspiel gesendet wurde. Heutzutage sind nicht mehr viele Hockeyspiele auf dem Bildschirm zu sehen ...
Das ist doch kein Grund, um nicht zum Essen zu kommen.
Ich sagte ihr, ich wollte vor dem Fernsehapparat essen, und weißt du, was sie da antwortete?
Nein, sag's mir.
„Ich führe kein Hotel. Du kannst dir das Essen selbst holen!“ Ist es vielleicht nett, so mit einem Menschen zu reden, der sich ein Hockeyspiel ansieht?
Nicht nur das Hockeyspiel, danach noch die halbe Nacht Boxkämpfe.
Ach Mutter, du weißt doch, wie sie immer übertreibt. Die Boxkämpfe waren um elf Uhr zu Ende. Als wir heirateten, wusste sie, dass ich Boxen liebe. Ich ging gleich nach den Totoergebnissen zu Bett.
Und was war dann am Sonntag?
Am Sonntag? Ich glaube, ich sagte etwas davon, dass ich das Laub am Sonntag zusammenkehren wollte, aber zuerst musste ich den Bericht über das Spiel Notre-Dame gegen Marine lesen, dann über das große Rennen im Aqueduct und dann über das Hockeyspiel, und ehe ich mich versah, war es Zeit für die TV-Übertragung des Spiels Rothäute gegen Adler.
Und dabei schließt du dich im Zimmer ein und lässt sie nicht rein.
Das ist nicht wahr. Ich ließ sie ins Zimmer. Ich schickte sie nur hinaus, als sie mich fragte, welche Farbe die neuen Vorhänge im Schlafzimmer haben sollten – gerade in dem Augenblick, wo Charly Taylor den Ball hinter die gegnerische Torlinie bringen wollte.
Du hast sie angeschrien, dass du jetzt nicht gestört werden willst.
Das hat sie behauptet?
Das hat sie nicht nur behauptet, das war wohl auch so.
Hat sie dir auch erzählt, dass sie mir kein Mittagessen geben wollte, wenn ich ihr nicht das schmutzige Geschirr vom Samstagabend in die Küche brächte? Nun frage ich dich, was für eine Ehefrau ist das?
Das ist eine gute Ehefrau, die man nicht anbrüllt, wenn sie ein bisschen Aufmerksamkeit haben will.
Ich habe sie nicht angebrüllt.
Doch, das hast du, und zwar nicht nur einmal.
Möglich, dass ich die Stimme ein wenig hob, als es um das Entscheidungstor ging und sie sagte, ich sollte alle Sommerkleider auf den Dachbogen bringen, aber ich wurde nicht heftig.
Du bist sogar sehr heftig geworden, weil du danach noch das Spiel Detroits gegen Rams sehen wolltest.
Sie verdreht alles. Danach sah ich nicht das Spiel Detroits gegen Rams. Es war Buffalo gegen Houston. Und es war ein wichtiges Spiel. Wie oft bekommt man schon zwei Spiele zwischen denselben Mannschaften unmittelbar hintereinander zu sehen?
Und dabei hast du vergessen, dass ihr Gäste eingeladen hattet.
Na ja, darüber vergaß ich eben, dass wir die Winstons zu einem Glas Wein eingeladen hatten.
Als sie dann kamen, warst du auch noch ziemlich unhöflich zu ihnen.
Ich war zu ihnen nicht unhöflich. Ich zeigte ihnen, wo sie sich etwas zu trinken holen konnten, und sagte, ich würde mich in zwei Stunden zu ihnen setzen. Woher sollte ich denn wissen, dass sie nach Hause gehen würden, ehe der Vortrag über die großen Stunden des Fußballs zu Ende war?
Sie will jedenfalls nicht mit dir sprechen, und sie kommt auch nicht nach Hause.
Ich bitte dich, Mutter, sprich du mit ihr. Ich habe es satt, Fernsehsnacks zu essen, und es ist kein einziger sauberer Teller mehr

zu Hause. Und sag ihr, dass ich sie liebe und dass sie und die Kinder mir sehr fehlen.
Na gut, sie sagt gerade, wenn du sie wirklich liebst, dann kommt sie vielleicht zurück zu dir.
Was hat sie gesagt? Sie kommt zurück? Herrlich, wunderbar. Wann soll ich sie abholen?
Am Samstagnachmittag.
Am Samstag? Herrje, am Samstag kann ich nicht. Da spielt Illinois gegen Michigan, und es geht dabei um die Ausscheidung für den Cup.
Dir ist wirklich nicht zu helfen. Sieh zu, wie du fertig wirst. Deine Frau bleibt jedenfalls noch hier.

Seite 29:

5 Fragen zum Textinhalt:
- Welches sind beiden Textfiguren? *Ein vierzehnjähriges Mädchen und ein Mann, der der Vater des Mädchens ist.*
- Aus wessen Perspektive ist der Text geschrieben? *Aus der Perspektive des Mädchens.*
- Wie ist die Beziehung zwischen den Textfiguren? *Das Mädchen ist die Tochter des Mannes, aber die beiden haben viele Jahre keinen Kontakt gehabt. Jetzt hat der Mann Sehnsucht nach der Tochter, weil sein Leben zu Ende geht. Die Beziehung bleibt aber ziemlich distanziert.*

Seite 30–34:

1 Zu markierende Anweisungen:
Analysiere; Formuliere; Stelle dar; Erläutere; Beziehe dich auf den Text; Nimm Stellung; Begründe

2 Textsorte: Sachtext
Autorinnen: Stefanie Schramm/Claudia Wüstenhagen
Titel: Die große Verführung
Thema: Neue Methoden der Werbung und der Erforschung von Kundenwünschen

3 a) passt zu Abschnitt 6, 7, 8
b) passt nicht zum Text
c) passt zu Abschnitt 3, 4, 5
d) passt zu Abschnitt 1, 2

4 Ersatzformulierungen:
a) untersuchen/erforschen
b) deutet
c) Wir geben ihnen die Informationen, die sie brauchen/haben wollen.

5 Mit dem Satz ist gemeint, dass demnächst erfolgreich geworben wird, indem Menschen sich gegenseitig bestimmte Produkte anpreisen/schmackhaft machen.

8 Richtig ist Antwort b).

9 Lösungsvorschlag:

Einleitung: Textsorte, Autorinnen, Titel, Thema
Hauptteil: Vorbereitung und Durchführung von Werbung, Absicht der Autorinnen
Schluss: Stellungnahme mit Begründung

10 Lösungsvorschlag:

In dem Sachtext/Zeitschriftentext „Die große Verführung" von Stefanie Schramm und Claudia Wüstenhagen geht es um neue Methoden der Werbung und der Erforschung von Kundenwünschen.
Die Autorinnen stellen am Anfang dar, wie Verkäufer die Wünsche der Konsumenten erforschen. Sie messen zum Beispiel Vorgänge im Gehirn oder nehmen die Bewegungen beim Einkaufen auf. Außerdem kann man durch Gesichtserkennung herausbekommen, wie Werbefilme auf die Betrachter wirken. Demnächst kann man sogar zu Hause am Rechner beim Ansehen von Werbespots filmen lassen. Eine neue Idee ist, dass die Menschen sich gegenseitig Werbefilme schicken. Auf Facebook könnte man dazu angehalten werden, die Freunde zum Kauf von bestimmten Produkten anzuregen.
Die Autorinnen möchten die Leser über diese neuen Trends in der Werbung und Werbeforschung informieren. Sie wollen aber auch zum Nachdenken anregen. Das sieht man zum Beispiel an der Formulierung „Der Konsument ist ein Herdentier – was er mag, will er teilen" (Z. 75/76).
Ich stimme der Aussage am Ende des Textes zu, weil es solche „Mundpropaganda" ja auch jetzt schon gibt. Es ist nämlich so, dass es im Internet Beurteilungen von Produkten gibt, und da weiß man ja auch nicht, ob das nicht Werbung ist. Denn eigentlich könnte auch ein Vertreter der entsprechenden Firma einfach mehrere gute Beurteilungen schreiben.

Seite 35–37:

1 Lösungsvorschlag **Mindmap**:

Einleitender Satz:
- Textsorte/Merkmale: Sachtext aus Zeitung, Zeitschrift oder Internet; sachlich geschrieben, Autor wird genannt, Meinung des Autors wird wiedergegeben
- Autor: Maximilian Geyer
- Titel: Wie wir im Internet verführt werden
- Thema: Werbestrategien im Internet

Werbestrategien
- Produktempfehlungen
- Auswertung des Kaufverhaltens
- Targeting
- „Produktfans" in Sozialen Netzwerken
- QR-Codes

Unterschiede
- Web: Verführung durch Produktempfehlungen und Targeting
- Soziale Netzwerke: Freunde als „Produktfans"
- M-Commerce: Werbung und Verkauf über QR-Codes

Absicht
- informieren
- zum Nachdenken anregen/warnen

Aufgaben:
- In dem Text geht es darum, wie Konsumenten im Internet zum Kaufen verführt werden.
- Der Text ist sachlich geschrieben, gibt aber auch die Meinung des Autors wieder. Der Name des Autors ist erwähnt. Es könnte ein Text aus einer Zeitung/Zeitschrift sein (oder aus dem Internet).
- Werbestrategien: siehe Mindmap
- Unterschiede siehe Mindmap; Zeilen: 16–37, 38–47, 48–62
- Absicht: siehe Mindmap

2 Bei „Ich stimme der Meinung des Schülers zu":
- wenn man gut aufpasst, kann man effizienter einkaufen;
- auf Produktempfehlungen muss man nicht reagieren;
- bei sozialen Netzwerken kann ich Unerwünschtes ausblenden;
- M-Commerce kann man nutzen, muss es aber nicht.

Bei „Ich stimme der Meinung des Schülers nicht zu":
- man kann sich nicht gegen Werbung wehren;
- man kann auf Produktempfehlungen und Targeting reinfallen und zum Kaufen verführt werden;
- Freunde als „Produktfans" können zum Kaufen animieren, ebenso wie das „Überall-Shopping".

3 Möglicher Schreibplan:
– Einleitung: Textsorte, Autor, Titel, Thema
– Hauptteil: angesprochene Werbestrategien, Unterschiede der Werbung im Web, in Sozialen Netzwerken und M-Commerce, Absicht des Autors
– Schluss: Stellungnahme mit Begründung und Textbelegen

4 Lösungsvorschlag:

In dem Sachtext/Zeitschriftentext „Wie wir im Internet verführt werden" von Maximilian Geyer geht es darum, wie Konsumenten im Internet zum Kaufen verführt werden.
Es werden unterschiedliche Werbestrategien angesprochen, zum Beispiel die Produktempfehlungen, die beim Einkaufen im Internet gut platziert sind. Durch Auswertung des Kaufverhaltens passen sie genau zu den eigenen Interessen. Außerdem wird das Targeting erwähnt, mit dem Firmen Interessen der Kunden erforschen. Man kann aber auch über „Produktfans" für bestimmte Dinge interessiert werden oder über QR-Codes zu Werbeseiten geführt werden.
Bei der Werbung im Web wird man über Produktempfehlungen und Targeting aufmerksam gemacht. In Sozialen Netzwerken empfehlen „Produktfans" die Waren persönlich und beim M-Commerce fotografiert man selbst die QR-Codes zu bestimmten Produkten.
Der Autor möchte die Leser über diese neuen Werbetrends im Internet informieren. Er will aber auch zum Nachdenken anregen. Das sieht man zum Beispiel daran, dass er Produktempfehlungen als „die schärfste Verführungswaffe der Webhändler" (Z. 16). bezeichnet. Und im letzten Satz schreibt er: „Verführungen lauern überall" (Z. 62).
(Für den Schluss gibt es zwei Möglichkeiten, siehe Lösung zu Aufgabe 2.)

Seite 38/39:

1 Mögliche Notizen:
– Das Schaubild informiert darüber, was man mit Heimat verbindet.
– Das Schaubild stammt aus dem Jahre 2012. Es stammt aus dem Spiegel. Die Daten werden zum Teil mit einer Umfrage von 1999 verglichen.
– Die Zahlen geben an, wie viele Befragte von 100 einen Begriff genannt haben. Die Farben und Teile im Kreisdiagramm verdeutlichen die Anteile.
– Die meisten Befragten verbinden Heimat mit „Wohnort", allerdings dicht gefolgt von „Familie". „Geburtsort" und „Deutschland" sind weniger wichtig.
– Es mag erstaunen, dass der Geburtsort nicht öfter genannt wird.

2 Das Schaubild informiert über das Thema „Heimat". Es stammt aus dem Jahre 2012. Die TNS Forschung hat 1000 Menschen befragt, was sie mit dem Begriff „Heimat" verbinden. Die meisten, genau 33 Prozent, verbinden ihren Wohnort mit dem Begriff „Heimat". Mit 31 Prozent wurde an zweiter Stelle die Familie genannt. Ihren Geburtsort verbinden 18 Prozent mit dem Begriff „Heimat". Es folgt Deuschland mit 12 Prozent, auf der letzten Position stehen „Freunde" mit nur 5 Prozent.
Wenn man die Zahlen von 2012 mit einer Emnid-Umfrage aus dem Jahre 1999 vergleicht, zeigt sich, dass der Anteil der Befragten, die „Familie" mit Heimat verbinden, um 6 Prozent zugenommen hat. Hingegen ist der Anteil der Befragten, die den Geburtsort mit dem Begriff „Heimat" verbinden, von 27 Prozent auf 18 Prozent gesunken.
Interessant an dieser Grafik finde ich ...

3 Der Geburtsort ist weniger wichtig, die Bedeutung von Familie hat dagegen zugenommen. Das liegt vielleicht daran, dass es immer normaler wird, umzuziehen und nicht immer nur an einem Ort zu leben. Die Orte werden deshalb unwichtiger, die Menschen, mit denen wir zusammen leben, werden zu unserer Heimat.

Seite 40–45:

2 Lösungsbeispiel:

	Text 1	Text 2	Text 3
Befragte Personen	Eva Gerl, Christina Rominger, Albert Rominger und drei weitere Dorfbewohnter	Aylin Selçuk	Christian Heller
Wohnort	Haidenkofen in der Oberpfalz	Berlin, Wilmersdorf	Berlin, Friedrichshain
Weitere Informationen	sind in Vereinen wie Freiwillige Feuerwehr, Jagdgenossenschaft, Fischerverein, Frauentreff; es arbeiten alle zusammen im Dorf	gründete mit 18 Jahren den Verein „Deukische Generation" zur Integration junger Menschen	sein Leben besteht vor allem aus: Programmieren am PC, Schreiben am Computer, Chatten
Heimat ist ...	„wenn man sich zu Hause fühlt." „wenn man von jedem Menschen akzeptiert wird." „wo es schön ist, wo dir jeder gleich hilft." „wo ich mich wohlfühle." „wo ich herkomme." „wo man keine Kopfschmerzen bekommt"	ihr Zimmer in der Wohnung ihrer Eltern in Berlin-Wilmersdorf	Digitale Welt

3 Die Kommentare der Einwohner von Haidenkofen passen, die der beiden anderen weniger.
Für die Einwohner von Haidenkofen ist der Wohn- bzw. Geburtsort wichtig; zum Teil auch für Christian Heller (Berlin).

4 Dorfgemeinschaft, Nähe und Vertrautheit, Wohlfühlen

5 a) Aylin ist Deutschtürkin und Istanbul fasziniert sie.
b) Aylin hat eigentlich nicht nur eine Heimat: Sie ist Deutsche und Türkin. Früher wollte sie keine Türkin sein, aber als Deutsche wurden sie in Berlin auch nicht betrachtet. Das war kompliziert. Aber heute denkt sie, dass sie beides ist. Deshalb hat sie auch den Verein gegründet (vgl. c).
c) Die Generation, die zugleich deutsch und türkisch ist.

6 a) Die Fenster sind verdunkelt, Heller verlässt das Zimmer nur, wenn er unbedingt muss, er ist die ganze Zeit mit seinem PC beschäftigt.
b) Er hat viele soziale Kontakte im Netz, er kennt alles und alles ist ihm vertraut. Im Netz hat er seine „Familie".
c) Die eine Heimat ist das Netz, die andere Berlin.

7 **Text 1:** Sechs Dorfbewohner aus Haidenkofen erzählen, was sie unter Heimat verstehen. Das Dorf liegt in der Oberpfalz und hat 97 Einwohner. Heimat bedeutet für diese Menschen vor allem Zusammenhalt/Dorfgemeinschaft. Sie betonen besonders, dass sie eine wirkliche Gemeinschaft sind und sehr vieles zusammen machen.

Text 2: Aylin Selçuk lebt in Berlin im Stadtteil Wilmersdorf. Ihr Zimmer liegt in der Wohnung ihrer Eltern. Aylin Selçuk hat einen deutschen Pass, ihre Eltern kommen aus der Türkei. Beim Wort „Heimat" denkt sie an ihr Zimmer. Heimat ist nicht ganz einfach für sie, weil sie in zwei Kulturen/Ländern zu Hause ist: in Deutschland und in der Türkei.

Text 3: Christian Heller lebt in Berlin im Stadtteil Friedrichshain. Besonders wichtig für ihn ist sein Computer. Deshalb liegt er den ganzen Tag im Bett, programmiert, schreibt und chattet. Heller sagt, dass er mehrere Heimaten hat: die eine Heimat ist Berlin, die andere das Netz.

8 Beispiellösung:

Die Texte stammen aus einer Reportage aus dem Magazin „Der Spiegel". Der Journalist Dirk Kurbjuweit hat Menschen aus verschiedenen Regionen Deutschlands befragt, was Heimat für sie bedeutet. In allen Texten geht es also um die Einstellung zur Heimat.
Heimat bedeutet für die Dorfbewohner vor allem Nähe, Vertrautheit und Zusammenhalt. Alle betonen, dass sie viel zusammen machen. Aylin Selçuk versteht unter Heimat zunächst einmal ihr Zimmer. Der Begriff Heimat ist für sie ein bisschen kompliziert. Man hat sie in Berlin nämlich nie als dazugehörig betrachtet. Und die Heimat ihrer Eltern, die Türkei, war ja nicht mehr ihre Heimat. Aber heute sieht sie das positiv: Sie ist beides, deutsch und türkisch. Für Christian Heller ist Heimat indes vor allem das Netz. Dort kennt er sich aus und dort hat er auch seine Freunde. Das kann man daran sehen, dass er den ganzen Tag am Computer sitzt.
Es werden also große Unterschiede deutlich. Während der Heimatort für die Dorfbewohner sehr wichtig ist, ist Berlin für Aylin Selçuk und Christian Heller nicht so wichtig. Beide haben noch eine zweite Heimat: Bei Aylin ist es die Türkei, bei Christian das Netz.
Es gibt aber auch Gemeinsamkeiten: Ähnlich wie für die Dorfbewohner ist es für Christian Heller wichtig, sich sicher zu fühlen. Soziale Nähe und Vertrautheit sind für alle wichtig, nicht nur für die Dorfbewohner: Aylin hat ihren deutsch-türkischen Verein und Christian seine Freunde im Netz.
Mit der Grafik stimmen aber vor allem die Aussagen der Dorfbewohner überein. Sie verbinden ja in erster Linie ihren Wohnort mit dem Begriff „Heimat".
Mareike meint, dass Aylin auch zwei Heimaten hat. Diese Meinung lässt sich am Text begründen, denn Aylin spricht ja selbst von Istanbul und Berlin und hat diesen deutsch-türkischen Verein gegründet.

Seite 46–51:

1 Gesichtspunkte für die Teilnahme unterstrichen; Gesichtspunkte dagegen grau unterlegt:

Hi Leute!
Wo ist denn das Problem? Ich finde, wer gut singen kann, soll das auch zeigen. Und dafür ist ein Fernsehauftritt doch die beste Möglichkeit. Wenn man wirklich gut ist, wird man durch so eine Show schnell berühmt und macht Karriere. Und außerdem wird man auch zu Hause bekannter und findet viele neue Freunde.
Also: bewerbt euch, wenn ihr euch was zutraut!
Nicknack

2 Lieber Nicknack,
als besorgte Mutter kann ich nur vor deinem Standpunkt warnen. Gut singen können reicht doch nicht aus. Man muss sich gegen viele Konkurrenten durchsetzen und dazu braucht man gute Nerven, sonst ist der Zusammenbruch vorprogrammiert. Stell dir mal vor, du kommst als junges Mädchen in solch eine Show und wirst von der Jury gnadenlos in eine bestimmte Rolle gedrängt. Damit muss man erst mal klarkommen. Ich würde meiner Tochter nicht dazu raten.
Mom44

Hallo im Forum!
Eins habt ihr nicht bedacht: Wir reden hier von jungen Leuten, die noch zur Schule gehen, kurz vor dem Examen stehen oder in der Ausbildung sind. Habt ihr euch schon mal überlegt, wie viel Kraft und vor allem Zeit draufgeht, wenn man sich für solch eine Show bewirbt? Da muss doch die Schule zu kurz kommen. Ich als Lehrer habe deshalb große Bedenken. Außerdem muss man sich mal eines klarmachen: Eine Fernsehshow ist kein Auftritt in der Schulaula, Fehler vor der Kamera werden von Tausenden gesehen und dann womöglich auch noch in der Presse breitgetreten. Das kann einen ziemlich fertig machen.
Rudi

An alle Bedenkenträger:
Klar, dass Erwachsene das alles nur negativ sehen. Für uns Jüngere spielen halt andere Sachen eine Rolle. Wenn ich erst mal zum Sender eingeladen werde, komme ich mit interessanten Leuten zusammen, die im Medienbereich arbeiten. Da wäre ich schon neugierig drauf. Außerdem kann ich mir vorstellen, dass man ein viel besseres Selbstbewusstsein hat, allein schon, wenn man in die Vorauswahl kommt.
joojoo

3

Für die Teilnahme	Gegen die Teilnahme
Wer gut singen kann, sollte das auch zeigen	Schule und Ausbildung kommen zu kurz
stärkt das Selbstbewusstsein	Fehler vor der Kamera werden von Tausenden gesehen
Man wird berühmt und macht Karriere	Man muss sich gegen Konkurrenz durchsetzen, braucht gute Nerven
interessante Leute treffen	Man kann in eine bestimmte Rolle gedrängt werden
zu Hause bekannter werden (neue Freunde)	Gut singen können reicht nicht

4 Lösungsvorschlag:
K 1 (stärkster Kontra-Gesichtspunkt): Man wird berühmt und macht Karriere
K 2 (schwächerer Kontra-Gesichtspunkt): Wer gut singen kann, sollte das auch zeigen
K 3 (schwächster Kontra-Gesichtspunkt): Stärkt das Selbstbewusstsein
P 1 (starker Pro-Gesichtspunkt): Man muss sich gegen viele durchsetzen, braucht gute Nerven
P 2 (stärkerer Pro-Gesichtspunkt): Schule und Ausbildung kommen zu kurz
P 3 (stärkster Pro-Gesichtspunkt): Fehler vor der Kamera werden von Tausenden gesehen

5 Folgende Gesichtspunkte sollen markiert werden:
– Stärkt das Selbstbewusstsein
– Man muss sich gegen Konkurrenz durchsetzen/braucht gute Nerven

6 1. → b), 2. → c), 3. → a)

7 Lösungsvorschlag:
Wenn man in der Show gewinnt, kann man berühmt werden und Karriere machen. Ein Beispiel dafür ist Stefanie Heinzmann. Sie war vor einigen Jahren Siegerin in einem Casting-Wettbewerb. Danach hat sie einige erfolgreiche Platten gemacht und sie ist immer noch im Geschäft.

8 Lösungsvorschlag:

Schließlich sollte jemand, der gut singen kann, das auch zeigen. Es ist doch schön, wenn man ein Talent hat und damit andere begeistern kann. Das weiß jeder, der schon mal vor Publikum aufgetreten ist. Und als Sängerin oder Sänger erreicht man durch das Fernsehen ein Millionenpublikum.

Ich bin aber andererseits überzeugt davon, dass Schule und Ausbildung bei dem ganzen Bewerbungsverfahren zu kurz kommen. Vor kurzem gab es eine Fernseh-Reportage mit

Kandidaten für eine Casting-Show. Da wurde gezeigt, dass alle von der ersten Einladung über weitere Auswahlverfahren, Proben und Auftritte sehr viel Zeit aufwenden mussten, manchmal mehrere Tage hintereinander. Da blieb kaum noch Zeit für etwas anderes.

Man sollte auch bedenken, dass Fehler vor der Kamera von Tausenden gesehen werden. Bei einem Auftritt auf der Schulbühne kann man schon mal einen Fehler machen, das merkt das Publikum vielleicht noch nicht einmal. Aber beim Fernsehen merkt man das deutlich. Bei einer Großaufnahme mit der Kamera fällt zum Beispiel sogar ein falscher Einsatz beim Playback-Singen sofort auf und jeder Zuschauer bekommt das mit, da kann man sich ganz schön blamieren

9 a) Marisa nimmt aktuelle Werbetrailer aus dem Fernsehen zum Ausgangspunkt.
b) Sie greift die unterschiedlichen Standpunkte, vor allem die Kritik, auf und fordert zu genauerem Überlegen auf.

10 Lösungsvorschlag:
Gerade ist wieder eine Staffel einer bekannten Castingshow zu Ende gegangen. In allen Medien wurde über den Sieger berichtet. Man merkte ihm an, dass er erleichtert und stolz war, aber er hat nur ganz knapp gewonnen und musste bis dahin viel Stress aushalten. Die Bewerbung zur Teilnahme an solch einer Show sollte man sich also gut überlegen.

11 a) Marisa leitet den Schluss ein, indem sie ihren grundsätzlich kritischen Standpunkt noch einmal kurz zusammenfasst.
b) Sie beantwortet die Fragestellung zum Thema, indem sie in einem vermittelnden Standpunkt eine individuelle Entscheidung zulässt, rät aber, sich gründlich zu informieren.

Mögliche Markierungen
Zusammenfassend kann ich sagen, dass Castingshows für die teilnehmenden Jugendlichen wirklich nicht unproblematisch sind. Ich würde aber nicht einfach von einer Teilnahme abraten. Es hängt schließlich sehr von der Bewerberin oder dem Bewerber ab, ob man gut genug ist und sich das alles zutraut. Auf jeden Fall sollte man sich vorher gründlich informieren.

12 Lösungsvorschlag:

Für die Teilnahme:
Zusammenfassend kann ich sagen, dass Castingshows für Jugendliche eine große Chance bieten, etwas Interessantes zu erleben. Jemand, der gut singen kann, sollte sich dort auf jeden Fall bewerben.

Gegen die Teilnahme:
Zusammenfassend kann ich sagen, dass man sich als Jugendlicher auf keinen Fall bei einer Casting-Show bewerben sollte. Man kann zu viele Probleme bekommen, die man überhaupt nicht bewältigen kann.

13 a) Ändern müsste sich

– Anordnung der Blöcke und der Argumente umkehren:
K 1 (schwacher Kontra-Gesichtspunkt): Fehler vor der Kamera werden von Tausenden gesehen
K 2 (schwächerer Kontra-Gesichtspunkt): Man muss sich gegen viele durchsetzen, braucht gute Nerven
K 3 (schwächster Kontra-Gesichtspunkt): Schule und Ausbildung kommen zu kurz
P 1 (starker Pro-Gesichtspunkt): Stärkt das Selbstbewusstsein
P 2 (stärkerer Pro-Gesichtspunkt): Wer gut singen kann, sollte das auch zeigen
P 3 (stärkster Pro-Gesichtspunkt): Man wird berühmt und macht Karriere

– In der Einleitung der Argumente die sich steigernde Wichtigkeit (im Pro-Teil) verdeutlichen.
– In der Darstellung des eigenen Standpunktes klar Stellung beziehen (siehe Aufgabe 2).

Seite 52/53:

1 Lösungsvorschlag: (mögliches Gegenargument von Saskia grau unterlegt)
1. Saskia kann gut singen.
2. hat schon Auftritte in der Schule gehabt
3. ist vor Auftritten immer sehr nervös/Lampenfieber
4. Fehler vor der Kamera werden von Tausenden gesehen
5. kann in eine unangenehme Rolle gedrängt werden (Show)
6. könnte dadurch berühmt werden
7. stärkt das Selbstbewusstsein, wenn es klappt
8. muss sich gegen viele durchsetzen/braucht gute Nerven
9. möglich, wenn Eltern und Freunde sie unterstützen
10. gibt auch andere Wege zum Erfolg

2 Lösungsvorschlag:
– starker Gesichtspunkt: Ist vor Auftritten immer sehr nervös/ Lampenfieber
– stärkerer Gesichtspunkt: muss sich gegen viele durchsetzen/ braucht gute Nerven
– stärkster Gesichtspunkt: Fehler vor der Kamera werden von Tausenden gesehen

3 Zu markieren ist auf S. 52 Gesichtspunkt Nr. 3.

Beispiel/Begründung:
Ich habe das besonders deutlich gemerkt, als du vor deinem letzten Soloauftritt richtige Bauchkrämpfe bekommen hast. Wie willst du dann einen Fernsehauftritt überstehen?

5 Einwand in Mikis Liste auf S. 52, auf den Bezug genommen wird: Nr. 2
Formulierung, mit der der Einwand eingeleitet wird: Du könntest natürlich sagen ...
Wort, mit dem die Entkräftung eingeleitet wird: Aber ...

7 Lösungsvorschlag:
Hauptteil:
– Drei Argumente gegen die Teilnahme ausbauen
– Das stärkste Argument als letztes nennen
– Gegenargument aufgreifen und entkräften

Seite 54–61:

2 Mögliche Überschriften der Materialien:
– M 1: Lebensdaten des Schriftstellers Erich Kästner
– M 2: Bücher von Erich Kästner
– M 3: Walter Trier, der Illustrator von Kästners Büchern
– M 4: Vorwort zu Kästners Buch „Als ich ein kleiner Junge war"

3 Möglicher Anfang des informativen Textes:
– Überschrift: Erich Kästner – ein würdiger Namensgeber für unsere Schule
– Einleitungssätze: In diesem Text möchte ich den Schriftsteller Erich Kästner vorstellen, und zwar sein Leben und einige seiner Bücher. Ich meine nämlich, dass Erich Kästner ein würdiger Namensgeber für unsere Schule ist, und ich hoffe, dass ich alle, die zur Auswahlgruppe gehören, davon überzeugen kann.

4 Mögliche Gliederungspunkte:
– 1. Erich Kästners Lebensdaten: Geburt (1899) und Schulbesuch in Dresden, Lehrerseminar und Militärdienst, Notabitur, Redakteur in Leipzig, Doktortitel, später Berlin, Veröffentlichungsverbot bei den Nazis, nach dem Krieg in München, dort auch gestorben (1974).

– 2. Erich Kästners Bücher: erstes Kinderbuch 1929 („Emil und die Detektive"), danach „Das fliegende Klassenzimmer", „Das doppelte Lottchen"; auch Bücher für Erwachsene („Fabian", „Die Konferenz der Tiere"); mehrere Bücher mehrfach verfilmt; Jugendzeitschrift „Pinguin"; Autobiografie „Als ich ein kleiner Junge war" (1957); sein letztes Buch „Der kleine Mann und die kleine Miss" (1967).
– 3. Der Illustrator Walter Trier: bekannte Buchcover, z. B. „Emil und die Detektive" (evtl. Briefmarke einfügen); 1936 nach London emigriert (Jude) und 1947 nach Kanada ausgewandert, 1951 gestorben.

7 Einleitungssatz des Schlussteils und mögliche Gründe für die Namensgebung:
Zum Schluss möchte ich noch einmal kurz zusammenfassen, warum Erich Kästner sich meiner Meinung nach als Namenspatron für unsere Schule besonders gut eignet:
1. Erich Kästner ist ein bekannter und bedeutender Autor von Kinder- und Jugendbüchern.
2. Erich Kästner hat immer ein Herz für Kinder und Jugendliche gehabt.
3. Erich Kästners kann in seinem Leben und Schreiben auch heute noch ein Vorbild für uns sein.

Seite 62/63:

2 Lösungsvorschlag:
(1) Der Text beeindruckt mich vor allem dadurch, dass er zugleich humorvoll und sehr spannend ist.
(2) Aber er will den Leser auch zum Nachdenken anregen.
(3) Vielleicht ist es überhaupt die wichtigste Absicht des Erzählers, Nachdenklichkeit zu erzeugen.
(4) Er macht seinen Text dadurch sehr spannend und anschaulich, dass er eine Reihe von Adjektiven und Spannungsmachern verwendet.
(5) Von Anfang an baut er eine unheimliche Atmosphäre auf.
(6) Der Ich-Erzähler schildert in diesem Kurztext zunächst, wie er als Autofahrer durch die halbdunkle und leere Berliner Straße fährt.
(7) Es ist kurz vor Mitternacht, die Stadt ist ruhig, und kaum noch jemand befindet sich auf den Straßen.
(8) An einer roten Ampel muss der Fahrer anhalten.
(9) Plötzlich sieht er dort eine Ratte, die aus dem Kanaldeckel herauskriecht.
(10) Während er bei Grün weiterfährt, läuft die Ratte unbeirrt vor seinem Wagen her.
(11) Dann sieht er, wie sie in einem Vorgarten verschwindet.
(12) Dabei denkt er an einen wissenschaftlichen Bericht, in dem er gelesen hat, dass es diesen „übel beleumundeten Nager" noch geben wird, wenn wir Menschen schon längst nicht mehr leben.
(13) Der Erzähler scheint am Ende der Geschichte verwandelt zu sein.
(14) „Mit einem nagenden Unterlegenheitsgefühl" setzt er die Fahrt fort.

Seite 64–67:

2 Lösungsvorschlag:

Die geschichte (R) „Streuselschnecke" wurde von Julia Franck verfast (R). Es geht darin um ein Mädchen _ (Z) das zum Ersten (R) mal (R) Kontakt zum Vater bekommt.
In der Geschichte erzählt eine Ich-Erzählerin aus ihrer Sicht _ (Z) wie sie ihren Unbekannten (R) Vater trifft. Da ist die Ich-Erzählerin (W) 14 Jahre alt. Die Ich-Erzählerin (W) ist bei ihrer Familie abgehauen (U) und wohnt bei irgendwelchen Typen (U) in Berlin. Nachdem der Vater sie angerufen hat, unternehmen sie einiges, aber obwohl sie ihn ab und zu besucht, bekommen sie kein engeres Verhältnis zueinander, bis der Vater zwei Jahre später todkrank wird. (S) Sie besucht ihn im Krankenhaus, bringt ihm Streuselschnecken und geht zu seiner Beerdigung.
Die Hauptfiguren sind die Ich-Erzählerin und ihr Vater. Zuerst sind die Hauptfiguren sich ziemlich fremd. Die Ich-Erzählerin bezeichnet ihn nur als der Mann (Z) oder er (Z). Erst im letzten Satz nennt sie ihn meinen Vater (Z). Sie findet ihn auch irgendwie cool (U) und sagt, dass er ihr „nicht unsympathisch" ist. Später, als er krank ist, wird deutlich, dass sie sich näher gekommen sind. Das wird aber nicht direkt gesagt. Man sieht es an ihrem Verhalten bei den Besuchen im Krankenhaus. Wirklich deutlich wird es, als sie ihm die gewünschten Streuselschnecken backt, und zwar gleich zwei Bleche voll.
Die Geschichte ist sehr nüchtern und sachlich erzählt, wie ein Bericht. Das sieht man zum Beispiel an Zeile 8–10: Wir verabredeten uns. Er trug Jeans, Jacke und Hose. Ich hatte mich geschminkt. (Z) Die Erzählerin erwähnt nie, was sie fühlt. Das wirkt, als ob sie sehr selbstständig, aber auch sehr hart gegen sich selbst ist.
Ich meine, die zentrale Aussage der Geschichte ist, dass es schlecht für ein Kind ist, wenn es schon früh von seiner Familie getrennt lebt, sodass es keine normale Beziehung zu den Eltern bekommen kann, vor allem wenn es den Vater kaum kennt. (S)

3 Lösungsbeispiel:

1. Die Geschichte „Streuselschnecke" wurde von Julia Franck verfasst. Es geht darin um ein Mädchen, das zum ersten Mal Kontakt zum Vater bekommt.
In der Geschichte erzählt eine Ich-Erzählerin aus ihrer Sicht, wie sie ihren unbekannten Vater trifft. Da ist sie 14 Jahre alt. Sie hat ihre Familie verlassen und wohnt bei Freunden in Berlin.
Nachdem der Vater sie angerufen hat, unternehmen sie einiges. Aber obwohl sie ihn ab und zu besucht, bekommen sie kein engeres Verhältnis zueinander. Das beginnt erst, als der Vater zwei Jahre später todkrank wird. Sie besucht ihn im Krankenhaus, bringt ihm Streuselschnecken und geht zu seiner Beerdigung.
Die Hauptfiguren sind die Ich-Erzählerin und ihr Vater. Zuerst sind die Hauptfiguren sich ziemlich fremd. Die Ich-Erzählerin bezeichnet ihn nur als „der Mann" oder „er". Erst im letzten Satz nennt sie ihn „meinen Vater". Sie findet ihn auch interessant und sagt, dass er ihr „nicht unsympathisch" ist.
Später, als er krank ist, wird deutlich, dass sie sich näher gekommen sind. Das wird aber nicht direkt gesagt. Man sieht es an ihrem Verhalten bei den Besuchen im Krankenhaus. Wirklich deutlich wird es, als sie ihm die gewünschten Streuselschnecken backt, und zwar gleich zwei Bleche voll.
Die Geschichte ist sehr nüchtern und sachlich erzählt, wie ein Bericht. Das sieht man zum Beispiel an Zeile 8-10: „Wir verabredeten uns. Er trug Jeans, Jacke und Hose. Ich hatte mich geschminkt." Die Erzählerin erwähnt nie, was sie fühlt. Das wirkt, als ob sie sehr selbstständig, aber auch sehr hart gegen sich selbst ist.
Ich meine, die zentrale Aussage der Geschichte ist, dass es schlecht für ein Kind ist, wenn es schon früh von seiner Familie getrennt lebt. So kann es keine normale Beziehung zu den Eltern bekommen. Noch schwieriger ist das, wenn es den Vater kaum kennt.

2. Die Rechtschreib- und Zeichensetzungsfehler habe ich sofort im Text berichtigt. Dann habe ich im zweiten Abschnitt „Ich-Erzählerin" durch „sie" ersetzt. Dadurch kann man die Sätze leichter und ohne störende Wiederholungen lesen.
In Abschnitt zwei und drei habe ich die umgangssprachlichen Ausdrücke ersetzt, weil die nicht in eine Interpretation gehören. An den Stellen, wo die Zeichen für wörtliche Zitate fehlten, habe ich sie eingesetzt, damit man sie als Zitate erkennen kann. Dadurch dass ich die beiden langen Sätze in mehrere Sätze aufgeteilt habe, sind sie nicht mehr so kompliziert und leichter zu verstehen.

Seite 68–71:

1 Freddie Röckenhaus liebt an Dortmund das viele Grün, die freundlichen, redseligen Menschen, die Fußballspiele im Stadion von Borussia Dortmund.

2 Lösungen zu den Aufgaben 1–10:

1. Wenn Freddie Röckenhaus von seiner Heimatstadt Dortmund erzählt, dann geht es um Liebe. Das Herrliche seiner Kindheit war, sagt er, dass er einerseits die Energie einer Stahlstadt genoss, dass er andererseits gleich im Grünen war, wenn er die Wohnung verließ. Tatsächlich ist das Ruhrgebiet auch eine grüne Region. Stahlwerke, Häuser, Wälder, Zechen, Felder, Kokereien, Parks bildeten hier früher ein Mosaik. Inzwischen sind Zechen und Stahlwerke aus Dortmund verschwunden.
Freddie Röckenhaus studierte im schönen Münster und hatte Heimweh. Er arbeitete im schönen Hamburg und hatte Heimweh. Die anderen Städte erlebte er als Nicht-Dortmund und versuchte, so oft wie möglich in seiner Heimatstadt zu sein. In Hamburg konnte er gegenüber Kollegen stundenlang und zunehmend verzweifelt das Lebenswerte seiner Stadt preisen, das viele Grün, die herzige Verquatschtheit der Menschen, die Spiele im Stadion von Borussia Dortmund. Nach wenigen Jahren zog er zurück nach Dortmund. Nun dreht er Filme und schreibt für die „Süddeutsche Zeitung" über die Borussia.

2. Folgende Zeitformen kommen im Text vor:
- Präsens: erzählt, geht, ist, dreht, schreibt
- Perfekt: sind verschwunden
- Präteritum: war, genoss, verließ, bildeten, studierte, hatte, arbeitete, erlebte, versuchte, konnte, zog ... zurück

3. a) im Präsens, weil ausgedrückt wird, was immer so ist.
b) im Präteritum, weil über etwas Vergangenes berichtet wird.
c) im Präsens, weil ausgedrückt wird, was in der Gegenwart passiert.
d) im Präteritum, weil über etwas Vergangenes berichtet wird.

4. betont er

5. a) Wenn Freddie Röckenhaus von seiner Heimatstadt Dortmund erzählt, dann geht es um Liebe.
b) Es handelt sich um einen Temporalsatz. Man kann das verdeutlichen, indem man sagt: „Immer wenn ..." oder „Jedes Mal wenn ..."
Man könnte vielleicht meinen, dass es sich um einen Konditionalsatz (Bedingungssatz) handelt; dann müsste man für „wenn" „falls" einsetzen können – das geht hier aber nicht.

6. a) Gegensatz
b) zum einen – zum anderen

7. Obwohl die Städte schön sind, fehlt ihm seine Heimatstadt.

8. a) ... bildeten ein abwechslungsreiches Bild.
b) Die Menschen sind nett und reden deshalb viel miteinander.
c) Er vermisst Dortmund, wenn er in einer anderen Stadt ist.

9. Das Adjektiv „herrlich" ist zum Nomen geworden: „das Herrliche".

10. a) ein Doppelpunkt würde auch passen:
... seiner Stadt preisen: das viele Grün, die herzige Verquatschtheit der Menschen, ...
b) Begründung: Der Doppelpunkt steht vor Ankündigungen, hier werden positive Seiten von Dortmund angeführt.

Seite 72/73:

1 Wir fahren zwar kein Auto, aber wir haben Wassili und Max. Das sind unsere beiden Kutschpferde. Zusammen wiegen sie etwa 1,5 Tonnen und sind je anderthalb Meter groß. Wenn wir zum Einkaufen in den nächstgrößeren Ort müssen, spannen wir sie einfach vor die Kutsche. Das kommt aber nicht so häufig vor, denn die meisten Lebensmittel stellen wir selbst her: Milch, Eier, Käse, Kräuter, Gemüse, Obst oder Fleisch von unseren eigenen Tieren.

2 Wir leben auf einem uralten, (1) abgelegenen Bauernhof im Schwarzwald. Wir – (7) das sind meine Eltern, mein Onkel, mein älterer Bruder Elias und ich. Außerdem sieben Kühe, (1) die Pferde Wassili und Max, (1) 30 Milchziegen und ein paar Hühner. Auf unserem Hof gibt es keine Handys, (1) keine Heizung, (1) noch nicht mal einen Fernseher. Unsere Möbel sind aus dem 19. Jahrhundert, (1) sogar unser Telefon und die Lichtschalter sind richtig alt: (4) über 80 Jahre! (6) Wir leben hier ein bisschen so, (2) wie die Menschen vor hundert Jahren gelebt haben.
Und das mit voller Absicht: (3) Meine Eltern finden, (2) dass die meisten Menschen in zu großem Überfluss leben. Großstädte sind ihnen zu hektisch. Meine Eltern sagen, (2) dass man auch glücklich sein kann, (2) wenn man auf Luxus verzichtet und von dem lebt, (2) was man selbst herstellt.

3 Wir kochen und heizen mit Holz, das wir mit Wassili und Max aus dem Wald schleppen. (b) Und im Winter, wenn nachts das Feuer ausgeht, (a) wird es manchmal kalt. Mein Leben ist zwar altmodisch, aber es ist auch aufregend. Wenn ich auf einen der Hügel hinter unserem Haus klettere und mich umgucke, (a) sehe ich erst mal nichts. Dass der nächste Nachbar Hunderte Meter entfernt wohnt, (c) ist für mich ganz normal. Für mich und meine Familie ist das Leben hier aber oft auch hart. Jeder muss auf dem Hof mithelfen. Ich hasse nichts mehr als Wäsche aufzuhängen. Dafür melke ich gerne die Ziegen, treibe die Kühe von der Weide oder füttere die Pferde mit Heu. Meinem Bruder dagegen gefällt das einfache Leben nicht immer, weil er manchmal lieber mit seinen Freunden in der Stadt abhängen würde. (d) Immerhin gibt es jetzt einen Internetanschluss. Der ist auch wichtig für die Schule. Wenn Freunde uns besuchen, (a) dann müssen sie weit laufen. Kurz hinter der kleinen Stadt St. Blasien, die nicht weit von uns entfernt liegt, (b) hört nämlich die asphaltierte Straße auf. Ab hier geht es nur noch zu Fuß weiter. Und immer bergauf.

Seite 74/75:

Interpretation: Franz Kafka, „Gibs auf!"

Die Geschichte „Gibs auf!" von Franz Kafka handelt von einem Mann, der zum Bahnhof muss. Er fragt einen Schutzmann nach dem Weg, welcher nur „Gibs auf" erwidert und sich dann von ihm abwendet.
In dieser Geschichte steht der Bahnhof für das Ziel, das der Mann sucht. Das erkennt man daran, dass er dorthin möchte und sogar den Polizisten fragt. Während der Mann den Bahnhof sucht, merkt er, dass seine Uhr verstellt ist, deshalb steht er unter Zeitdruck.
Die Geschichte wird in der Ich-Perspektive erzählt; dadurch wirkt die Atmosphäre sehr persönlich und bezieht den Leser mit ein.
Die Sprache ist ganz einfach, aber die Geschichte ist nicht leicht zu verstehen. Warum verhält sich der Polizist so seltsam und warum lacht er? Er müsste dem Mann doch helfen. Es geht nicht nur um einen Mann, der zum Bahnhof will. Dahinter steckt noch etwas anderes.
Der Höhepunkt der Geschichte ist das Gespräch zwischen Mann und Schutzmann. Auf die Frage nach dem Weg antwortet der Schutzmann mit einer Gegenfrage: „Von mir willst du den Weg erfahren?" Der Schutzmann wundert sich über die Frage. Aber er

sagt dem Mann nicht, was er machen soll. Er nimmt ihm sogar allen Mut, wenn er sagt „Gibs auf“ und sich auch noch lachend abwendet. Beim Lesen der Geschichte hat der Leser viele Fragen. Er fragt sich sicher/wahrscheinlich, was das alles zu bedeuten hat.
Meiner Meinung nach ist die Hauptaussage dieser Geschichte, dass die Zeit sehr schnell vergeht und man die Zeit nutzen sollte. Man sollte sich nicht unter Druck setzen lassen, sondern versuchen, seinen Weg selbst zu finden. Kein anderer kann uns sagen, wo es lang gehen soll – das müssen wir selbst herausfinden.

Seite 76/77:

2 Steffi Bruha hat ihn verwirklicht, den Traum vom Beruf. Sie restauriert, grundiert und vergoldet. Schlösser und Kirchen sind ihre Patienten.
Es hat gedauert, bis sie wusste, was ihr lag. „Nach dem Schulabschluss habe ich eine Ausbildung als Rechtsanwaltsgehilfin begonnen“, erzählte die Münchnerin. „Das hat mir aber gar nicht gefallen.“ Sie brach ab und suchte sich eine Lehrstelle als Schauwerbegestalterin. „Das war schon mehr meine Welt“, entdeckte sie. Endlich konnte sie kreativ sein.
Aber nach Ende der zweijährigen Ausbildung an der Berufsschule für Farbe und Gestaltung wurde sie nicht von ihrem Betrieb übernommen. Sie merkte, „wie schwierig es in dieser Branche ist, einen Job zu bekommen,“ und auch, „dass der Verdienst nicht so toll ist“. Deshalb beschloss sie, noch einmal in die Lehre zu gehen.
Lange brauchte sie da aber nicht mehr zu überlegen, was sie sonst interessierte. In ihrer alten Berufsschule war auch Kirchenmalerei angeboten worden, und sie hatte dort immer fasziniert verfolgt, was die Aufgaben der Kirchenmaler waren. „Ich habe mich also in München als Kirchenmalerin beworben“, erzählt sie, „und es hat geklappt.“ Nach ihrer dreijährigen Ausbildung wurde sie übernommen. Sie arbeitet noch immer in der gleichen Firma und schwärmt nach wie vor von ihrer Arbeit. Ihr gefällt, dass sie sich stets mit neuen Aufgaben auseinandersetzen und sich immer wieder neu auf die Arbeit einstellen muss, aber auch, „dass ich selbstständig arbeiten kann und das Ergebnis meiner Arbeit direkt vor Augen habe.“ Sie genießt es darüber hinaus, „mit so vielen schönen Dingen in Berührung zu kommen, hinter die Kulissen vieler historischer Gebäude schauen zu können und über die Geschichte der Gemäuer viel zu erfahren“.
„Mit einem Kollegen bin ich gerade dabei, die Gitter des Eingangsbereichs von Schloss Linderhof zu vergolden“, berichtet Steffi. „Die werden erst beim Schmied auseinandergenommen, sandgestrahlt, wieder grundiert und zusammengesetzt. In der Werkstatt müssen wir noch mal grundieren, dann den Unterlegton für das Gold bestimmen und dieses auftragen.“ In Linderhof hat sie schon die Fassade erneuert. Ein Kollege hat die Stuckvergoldung innen restauriert.
Letztes Jahr hat sie außerdem im Münchner Maximilianeum unter den Arkaden gearbeitet, dort Malerei rekonstruiert. „Man muss sich bei dieser Arbeit darauf besinnen, wie das einmal gemacht wurde, wie die den Pinsel geführt haben, wie man Licht und Schatten setzt und Ähnliches.“ Im vergangenen Winter hat sie in Burg Schwaneck Quadermalerei und Blattfries rekonstruiert. „Momentan bin ich jedoch vor allem mit Vergolden beschäftigt, aber das ändert sich immer mal wieder“, ergänzt sie. Wichtig ist ihr: „Man braucht uns. Alte Gebäude müssen immer wieder hergerichtet werden, und dafür sind Fachleute nötig.“

Seite 78–80:

1 a) Mir wird angst und bange, wenn ich an die Prüfungen denke. – Er macht mir Angst und Bange, wenn er mich an die Prüfungen erinnert.
b) Wir werden eher Freunde als Feinde werden. – Ich weiß nicht, ob ich ihm nach dem Vorfall eher feind oder freund sein soll.
c) Wer hatte mal wieder R/recht mit dem Wetter? – Ständig pocht er auf sein Recht. – Man kann ihm nichts recht machen. – Was Recht ist, muss Recht bleiben.
d) Sie ist doch schuld, dass wir den Bus verpasst haben. – Wenn irgendetwas nicht klappt, wird immer mir Schuld gegeben.
e) Vielen Dank für die Blumen! – Mir ist dank seines mutigen Eingreifens nicht sehr viel passiert.
f) Allen Warnungen zum Trotz hat sie sich auf dieses Abenteuer eingelassen. – Sie machten sich trotz Regen und Sturm auf den Weg.

2 a) **immer klein:** unter anderem, von fern, von nah und fern, durch dick und dünn, über kurz oder lang, von klein auf (Begründung: es handelt sich um feste adverbiale Wendungen aus Präposition und einem Adjektiv ohne Endung, der Artikel fehlt).
groß oder klein:
– viele Tausend/tausend, mehrere Hunderte/hunderte (Begründung: die Wörter „hundert“, „tausend“ oder „Dutzend“ können groß- oder kleingeschrieben werden, wenn mit ihnen unbestimmte, nicht in Ziffern schreibbare Mengen angegeben werden);
– von Neuem/neuem, von Weitem/weitem, auf Weiteres/weiteres, seit Längerem/längerem, binnen Kurzem/kurzem (Begründung: in adverbialen Wendungen aus Präposition und artikellosem, dekliniertem Adjektiv kann sowohl klein- als auch großgeschrieben werden);
– das Seine/seine, die Deinen/deinen, das Ihre/ihre (Begründung: Possessivpronomen in Verbindung mit dem bestimmten Artikel können sowohl klein- als auch großgeschrieben werden);
– alles Andere/andere, die Meisten/meisten, Weniges/weniges, Vieles/vieles, Anderes/anderes (Begründung: die Wörter „viel“, „wenig“, „(der) eine“, „(der) andere“ können großgeschrieben werden, wenn ihr substantivischer Charakter hervorgehoben werden soll).
Man sollte sich aber auf eine Schreibweise im Text festlegen.
immer groß: zwischen Arm und Reich, für Jung und Alt, jenseits von Gut und Böse (Begründung: es handelt sich hier um „Paarformeln“. Solche Paarformeln schreibt man groß, obwohl die Adjektive keine Endung haben).

3 a) das übrig gebliebene/übriggebliebene Taschengeld
b) einen groß angelegten/großangelegten Plan
c) einen schwarz gestreiften/schwarzgestreiften Kater
d) eine schlecht sitzende/schlechtsitzende Krawatte

5 Die Suche nach Aufsehen erregenden/aufsehenerregenden Kleidungsstücken in supermodernen Schnitt ist eine Zeit raubende/zeitraubende, schwer wiegende/schwerwiegende, manchmal sogar Schweiß treibende/schweißtreibende Angelegenheit: Nehme ich nun den bunt karierten/buntkarierten knielangen Rock oder den einfarbig roten oder den bunt gestreiften/buntgestreiften – oder doch den grünweiß eng bedruckten/engbedruckten? Passt dazu meine zartgemusterte, eng anliegende/enganliegende Bluse vom letzten Jahr?

Ich erinnere mich an ihr lebensfrohes Wesen, ihr braun gelocktes/braungelocktes Haar mit der rot gefärbten/rotgefärbten Strähne, an ihre grünblauen Augen, an den leuchtend roten Armreif und ihre rosafarbene Henkeltasche, an unseren heiß geliebten/heißgeliebten Treffpunkt auf der Eckbank vor dem blitzblank funkelnden Kristallspiegel im Eiscafé.

Text 1 ______________________________

Flaches Land, Kartoffeläcker, Rübenäcker, Getreidefelder, in der Ferne zwei Schornsteine. Der Weg nach Haidenkofen in der Oberpfalz ist nicht gerade bezaubernd, und für das Dorf gilt das Gleiche. Ein paar Bauernhöfe, schlichte Häuser, Schnapsbrennereien, zu denen die Schornsteine gehören. Beim letzten Wettbewerb „Unser Dorf hat Zukunft" gewann Haidenkofen eine Goldmedaille.

Auf die Frage, wie viele Menschen hier leben, sagt Eva Gerl: „Zwei sind gerade gestorben, also 97." Sie ist 58 Jahre alt und die Frau eines Bauern. Zu dem Gespräch hat sie noch fünf andere Dorfbewohner eingeladen, die alle herausgehobene Positionen in den Vereinen von Haidenkofen bekleiden, bei der Freiwilligen Feuerwehr, bei der Jagdgenossenschaft, beim Fischereiverein und beim Frauentreff. Am Tisch sitzt auch eine ehemalige Deutsche Zuckerrübenkönigin, Christina Rominger, 23, die im Vorstand vom Frauentreff ist.
Was ist Heimat für diese Menschen? Sie sagen: „Wenn man sich zu Hause fühlt." – „Wenn man von jedem Menschen akzeptiert wird." – „Da ist es schön, jeder hilft dir gleich." – „Wo ich mich wohl fühle." – „Wo ich herkomme." Der Landwirt Albert Rominger, 57, sagt: „Wenn ich in die Stadt fahre, bekomme ich Kopfschmerzen."
Die sechs erzählen die Geschichte der intakten, innigen Gemeinschaft. Der erste Kern ist die Familie, Scheidungen gab es ewig nicht, der zweite Kern ist das Dorf. Sie haben gemeinsam ein neues Spritzenhaus gebaut, sie haben gemeinsam einen Holzsteg über die Laber gebaut, sie haben gemeinsam eine Kegelbahn gebaut, sie haben gemeinsam den ehemaligen Gasthof in ein Vereinshaus verwandelt, wo sie sich freitags und sonntags zum Stammtisch treffen und ein paar Halbe trinken. Sie treffen sich in den Vereinen, sie treffen sich in der Kirche, sie feiern regelmäßig Feste, sie sagen, dass sie sich sehr gut verstehen und dass es im Dorf nur eine Familie gibt, die sich absondert. Macht aber nichts, sagen sie.

4 Lies den Text noch einmal ab Zeile 17. Was ist Heimat für diese Menschen?
a) Kreuze die passenden Antworten an.

Die Befragten verbinden mit dem Wort „Heimat" vor allem

☐ Herkunft.	☐ Deutschland.	☐ Dorfgemeinschaft.
☐ Nähe und Vertrautheit.	☐ Stadtleben.	☐ Wohlfühlen.

b) Belege deine Entscheidung mit Beispielen aus dem Text:

____

____

____

____

Text 2 ______________________

Im Zimmer von Aylin Selçuk hängen zwei Bilder, die Istanbul zeigen. Selçuk sagt dazu: „Istanbul ist die Stadt, die mich am meisten fasziniert, die mich an meine Identität erinnert, an einen Teil meiner Identität, Istanbul ist die Stadt, die ich vermisse, der Wirrwarr, das Hupen, das Rauschen des Wassers, die Gerüche des Essens." Ihr Zimmer liegt in Berlin, in Wilmersdorf, in der Wohnung ihrer Eltern. Beim Wort Heimat denke sie sofort an ihr Zimmer, sagt Selçuk. Es ist die unverfänglichste Heimat, die sie hat. Alles andere ist ein bisschen kompliziert.

Aylin Selçuk, 23, Studentin der Zahnmedizin, trägt eine Bluse im Leopardenlook, eine Lederjacke und ein Herz am Hals. Ihre Sonnenbrille steckt in ihrem Haar. Früher war sie Türkin, dem Pass nach jedenfalls. Ihre Eltern sind als Jugendliche eingewandert.
Bis sie 17 war, tat Aylin Selçuk alles, um nicht Türkin zu sein. Wenn zu Hause über Deutsche und Türken geredet wurde, bezog sie stets die Seite der Deutschen. Sie sagte, ihr Ursprung sei italienisch, wenn sie wegen ihrer Haarfarbe und ihres Teints nach ihrer Herkunft gefragt wurde. Das heißt, zunächst sagte sie, sie sei aus Berlin. Aber dann folgte meist die Frage: Woher wirklich? Sie hasste das. Wirklich aus Berlin, fand sie, findet sie immer noch.
Sie bekam einen deutschen Pass, aber man fragte sie weiterhin nach ihrer Herkunft. Als sie 18 war, gründete sie einen Verein. Er heißt „DeuKische Generation", also die Generation, die zugleich deutsch und türkisch ist. Der Verein kümmert sich um die Integration junger Menschen, sie sollen Deutsche werden können, sollen sich einfügen in diese Gesellschaft, ohne ihre türkische Identität preiszugeben.

5 Lies noch einmal den Text und beantworte die Fragen:

a) Warum hat Aylin Selçuk Bilder von Istanbul in ihrem Zimmer?

____

b) Warum ist Heimat für Aylin Selçuk ein bisschen kompliziert?

____

____

____

c) Was bedeutet „Deukische Generation"? Warum hat Aylin diesen Verein gegründet?

____

____

Text 3 ____

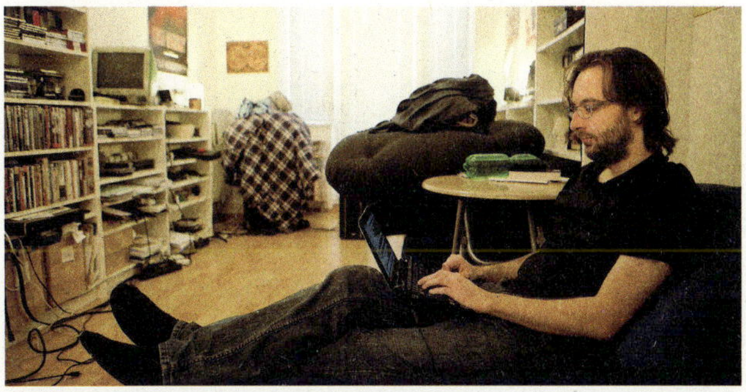

Christian Heller, 27, führt uns nach dieser Begrüßung in ein Zimmer in einem Hinterhof in Friedrichshain, Berlin. Das Fenster ist verdunkelt, zwei gigantische Mehrfachstecker verteilen Strom auf unzählige Kabel. Heller sagt: „Ich würde eher für meine Räume im Netz auf die Barrikaden gehen als für mein Land." Er ist in Karlshorst im Osten Berlins aufgewachsen und nennt sich selbst ein „stubenhockerisches Kind". Fußball mit anderen Jungs hat ihn nicht interessiert, erst spielte er am PC, dann kam das Netz zu ihm nach Hause. „Mit elf oder zwölf Jahren hat mehr oder weniger meine Internetsozialisation begonnen", sagt Heller.

Heute sieht sein Leben so aus, dass die Jalousie meistens unten ist, damit er einen „Lebensrhythmus unabhängig vom Sonnenrhythmus führen kann". Heller steht mittags auf, tut „die notwendigen Dinge in der Kohlenstoffwelt", einkaufen, waschen, legt sich am Nachmittag wieder hin, holt sich einen Döner oder brät zwei Minutensteaks und hat dann zwischen 20 und 6 Uhr seine „kreative Phase", wie er sagt. Er programmiert, schreibt, chattet. Das alles vom Bett aus. Wenn Heller über das Netz spricht, klingt das grundsätzlich nicht viel anders als die Erzählungen aus Haidenkofen. Er sagt: „Ich hänge in verschiedenen Chats ab, wo ich soziale Umfelder habe, die relativ stabil sind. Es gibt eine gewisse Vertraulichkeit und Verlässlichkeit." In den „Separees" der Chatrooms würden die „Regulars", also die Stammgäste, „kleine Familien bilden", er wisse, „wie es funktioniert", und könne sich da „einigermaßen locker bewegen", denn man verwende „eine Insidersprache, es werden bestimmte Kenntnisse erwartet". Wenn Heller nicht zu Hause ist, chattet er über sein Smartphone, er ist nie off, immer on. Diese Zusammengluckerei übertrifft die von Haidenkofen bei weitem.

„Ich habe mehrere Heimaten", sagt Heller. Die eine ist Berlin. „Ich mag die Unsortiertheit, ich mag die große Toleranz, und ich habe hier ein Sicherheitsgefühl, ich kann mich durchschlagen, würde heimfinden, wenn man mich hier aussetzte. Sehr viel davon zählt auch für meine digitale Heimat. Ich habe auch dort ein Sicherheitsgefühl, finde mich zurecht, freue mich der Offenheit."

6 Lies noch einmal den Text und beantworte die Fragen:

a) Woran erkennst du, dass Christian Hellers Leben vom Computer bestimmt ist?

____

____

b) Warum ist das Netz eine Heimat für Christian Heller?

____

____

c) Was bedeutet der Satz „Ich habe mehrere Heimaten"?

____

____

7 Fasse den Inhalt der drei Texte zusammen. Ergänze dazu die Inhaltsangaben.

Text 1:

Sechs Dorfbewohner aus Haidenkofen erzählen, was sie unter Heimat verstehen.

Das Dorf liegt ______________________ *und hat* __________ *Einwohner.*

Heimat bedeutet für diese Menschen vor allem ______________________.

Sie betonen besonders, dass ______________________

____

____

Text 2:

Aylin Selçuk lebt in __________ *im Stadtteil* ______________________.

Ihr Zimmer liegt ______________________. *Aylin Selçuk hat einen*

deutschen Pass, ihre Eltern kommen aus ______________________.

Beim Wort „Heimat" denkt sie ______________________.

Heimat ist nicht ganz einfach für sie, weil ______________________

____

____

Text 3:

Christian Heller lebt in __________ *im Stadtteil* ______________________.

Besonders wichtig für ihn ist ______________________. *Deshalb* _____

____.

Heller sagt, dass er mehrere Heimaten hat: ______________________

____

____

8 Bearbeite abschließend die folgende Aufgabenstellung, die dir so oder ähnlich auch in einer Prüfungsarbeit begegnen könnte. Nutze dabei die Ergebnisse der Aufgaben 1–7.

1. Untersuche die Texte „Haidenkofen ist meine Heimat", „Mein Zimmer ist meine Heimat" und „Das Netz ist eine meiner Heimaten".
a) Gib an, um welche Texte es sich handelt (Autor, Quelle).
b) Benenne das gemeinsame Thema aller Texte.
c) Beschreibe, welche unterschiedlichen Punkte die befragten Personen bei der Bestimmung von „Heimat" nennen.
d) Stelle dar, ob es Gemeinsamkeiten bei der Bestimmung von Heimat gibt.
e) Vergleiche die Äußerungen der befragten Personen mit der Grafik auf Seite 38.
2. Die Schülerin Mareike meint: „Nicht nur Christian Heller, sondern auch Aylin Selçuk hat meiner Meinung nach zwei Heimaten."
Nimm Stellung zu Mareikes Aussage. Begründe deine Meinung und beziehe dich dabei auf die Texte 2 und 3.

▸▸ Du kannst diese Aufgabe selbstständig lösen, indem du dir zunächst einen Schreibplan erstellst. Orientiere dich dabei an der Aufgabenstellung.

▸▸ Oder du nutzt die folgenden Formulierungshilfen, um deinen Text zu verfassen:

Einleitung

Die Texte „Haidenkofen ist meine Heimat", „Mein Zimmer ist meine Heimat" und „Das Netz ist eine meiner Heimaten" stammen aus einer Reportage von ...
Der Journalist hat verschiedene Personen befragt: ...
In allen drei Texten geht es um das Thema ...

Hauptteil

Heimat bedeutet für die Dorfbewohner ...
Alle betonen, dass ...
Aylin Selçuk versteht unter Heimat ...
Der Begriff „Heimat" ist für sie ein bisschen kompliziert, weil ...
Für Christian Heller ist Heimat ...
Dies kann man daran sehen, dass ...

Es werden große Unterschiede deutlich: ...
Es gibt auch Gemeinsamkeiten. Ähnlich wie für die Dorfbewohner ist es für Christian Heller wichtig, sich sicher zu fühlen. ...
Die Aussagen der Dorfbewohner stimmen mit der Grafik überein. ...

Schluss

Mareike meint, dass ...
Diese Meinung lässt sich am Text begründen. ...
Ich stimme dem zu / teilweise zu / nicht zu, denn ...

Einen Sachverhalt erörtern

„Sollte man sich als Jugendlicher für eine Musik-Castingshow bewerben?"
Im Diskussionsforum einer Schulhomepage sind mehrere Beiträge zu der Frage eingegangen:

Hi Leute!
Wo ist denn das Problem? Ich finde, wer gut singen kann, soll das auch zeigen. Und dafür ist ein Fernsehauftritt doch die beste Möglichkeit. Wenn man wirklich gut ist, wird man durch so eine Show schnell berühmt und macht Karriere. Und außerdem wird man auch zu Hause bekannter und findet viele neue Freunde. Also: bewerbt euch, wenn ihr euch was zutraut!
Nicknack

Lieber Nicknack,
als besorgte Mutter kann ich nur vor deinem Standpunkt warnen. Gut singen können reicht doch nicht aus! Man muss sich gegen viele Konkurrenten durchsetzen und dazu braucht man gute Nerven, sonst ist der Zusammenbruch vorprogrammiert. Stell dir mal vor, du kommst als junges Mädchen in solch eine Show und wirst von der Jury gnadenlos in eine bestimmte Rolle gedrängt. Damit muss man erst mal klarkommen. Ich würde meiner Tochter nicht dazu raten.
Mom44

Hallo im Forum!
Eins habt ihr nicht bedacht: Wir reden hier von jungen Leuten, die noch zur Schule gehen, kurz vor dem Examen stehen oder in der Ausbildung sind. Habt ihr euch schon mal überlegt, wie viel Kraft und vor allem Zeit draufgeht, wenn man sich für solch eine Show bewirbt? Da muss doch die Schule zu kurz kommen. Ich als Lehrer habe deshalb große Bedenken. Außerdem muss man sich mal eines klarmachen: Eine Fernsehshow ist kein Auftritt in der Schulaula, Fehler vor der Kamera werden von Tausenden gesehen und dann womöglich auch noch in der Presse breitgetreten. Das kann einen ziemlich fertigmachen.
Rudi

An alle Bedenkenträger:
Klar, dass Erwachsene das alles nur negativ sehen. Für uns Jüngere spielen halt andere Sachen eine Rolle. Wenn ich erst mal zum Sender eingeladen werde, komme ich mit interessanten Leuten zusammen, die im Medienbereich arbeiten. Da wäre ich schon neugierig drauf. Außerdem kann ich mir vorstellen, dass man ein viel besseres Selbstbewusstsein hat, allein schon, wenn man in die Vorauswahl kommt.
joojoo

Eine Aufgabenstellung zu dieser Streitfrage könnte so lauten:

„Sollte man sich als Jugendlicher für eine Musik-Castingshow bewerben?“
1. *Trage stichpunktartig Gesichtspunkte aus den Texten, die für oder gegen eine Teilnahme an einer Castingshow sprechen, in eine Tabelle ein.*
2. *Erstelle eine Gliederung. Wähle dazu je drei Pro- und Kontra-Gesichtspunkte aus, die dir sinnvoll erscheinen. Ordne sie so an, dass sie zu deinem Standpunkt passen.*
3. *Schreibe auf der Grundlage deiner Vorarbeiten eine Erörterung.*

Tipp

In ähnlicher Weise kannst du zu einem anderen Thema auch im Kapitel „Prüfungsvorbereitung“ üben (Schülerband S. 268/269).

Entscheide dich, wie du diese Aufgabenstellung bearbeiten willst:

- Du klärst deinen Standpunkt zu der Frage und bearbeitest die Teilaufgaben selbstständig, wie du es gelernt hast.
- Du bearbeitest zur vorbereitenden Übung die Aufgaben 1–12, eventuell auch Aufgabe 13. Im Anschluss schreibst du deine eigene Erörterung; dazu kannst du die Vorarbeiten nutzen.

1. Schritt: *Gesichtspunkte finden, markieren und notieren*

1 In dem Beitrag von Nicknack sind zwei Gesichtspunkte für die Teilnahme an einer Castingshow schon markiert. Finde und markiere noch einen weiteren Gesichtspunkt.

2 Markiere in den übrigen Beiträgen auf Seite 46 die Gesichtspunkte, die für und gegen die Teilnahme an einer Castingshow sprechen, unterschiedlich.

3 Schreibe die markierten Gesichtspunkte als Stichpunkte in die Tabelle:

Für die Teilnahme	Gegen die Teilnahme
Wer gut singen kann, sollte das auch zeigen	*Schule und Ausbildung kommen zu kurz*
stärkt das Selbstbewusstsein	*Fehler vor der Kamera werden von Tausenden gesehen*

*2. **Schritt:** Gesichtspunkte auswählen und anordnen*

4 Marisa meint, dass Castingshows für junge Teilnehmer mehr Probleme als Vorteile mit sich bringen.
- Wähle für ihren Standpunkt je zwei weitere Gesichtspunkte aus der Sammlung aus.
- Ordne sie so an, dass sie zu ihrem Standpunkt passen. Ergänze dazu die folgende Gliederung. Lies auch die Hinweise im Kasten unten auf der Seite.

K 1 (stärkster Kontra-Gesichtspunkt):

____

K 2 (schwächerer Kontra-Gesichtspunkt):

____

K 3 (schwächster Kontra-Gesichtspunkt):

Stärkt das Selbstbewusstsein

P 1 (starker Pro-Gesichtspunkt):

Man muss sich gegen viele durchsetzen, braucht gute Nerven

P 2 (stärkerer Pro-Gesichtspunkt):

____

P 3 (stärkster Pro-Gesichtspunkt):

____

Bei einer **Gliederung im Blocksystem** werden die Argumente jeweils in einem eigenen Block nach Gegenargumenten (**K**ontra) und eigenen Argumenten (**P**ro) angeordnet.

Die Gegenargumente stehen im ersten Block, das stärkste Gegenargument steht am Anfang.

Die Argumente für den eigenen Standpunkt stehen im zweiten Block. Das stärkste eigene Argument steht am Schluss.

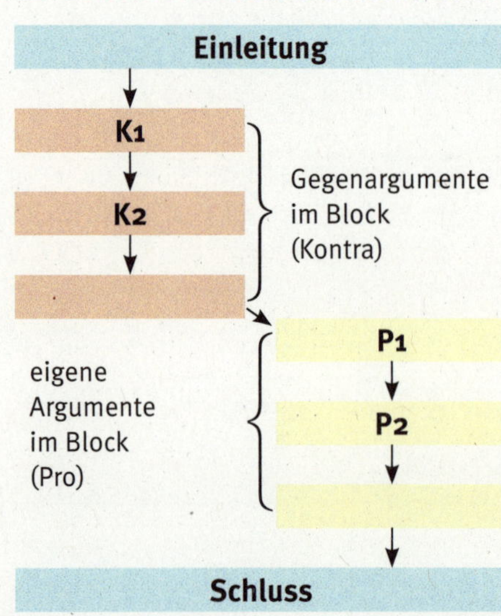

3. Schritt: *Gesichtspunkte mit überzeugenden Begründungen und Beispielen zu Argumenten ausbauen. Mit einleitenden und überleitenden Formulierungen den Gedankengang deutlich machen.*

5 In dem Textausschnitt unten hat Marisa ein Gegenargument eingeleitet, zu einem eigenen Argument im zweiten Block übergeleitet und beide Argumente ausgebaut. Untersuche den Textausschnitt:
- Markiere in der Sammlung bei Aufgabe 3 die Gesichtspunkte, die hier verdeutlicht werden.
- Markiere im Textausschnitt unten jeweils das Beispiel oder die Begründung, womit das Argument entfaltet ist.
- Markiere die einleitende und die überleitende Formulierung unterschiedlich.

Außerdem sagen manche, dass das Selbstbewusstsein gestärkt wird, wenn man bei einer Castingshow angenommen wird oder sogar einen vorderen Platz erreicht. Man wird ja schließlich mit vielen Konkurrenten verglichen und bekommt Bewertungen. So weiß man dann genau, was man schaffen kann und worin man gut ist.
Andererseits muss man aber bedenken, dass man sich gegen viele Konkurrenten durchsetzen muss. Und dafür braucht man starke Nerven. Es geht nämlich nicht immer nur darum, wer besser singen kann, sondern zum Beispiel auch darum, ob man neidische oder verletzende Bemerkungen der Beurteiler oder der Konkurrenten aushalten kann. Manchmal werden auch noch in den Zeitungen oder im Internet kritische oder herabsetzende Kommentare veröffentlicht, das kann ziemlichen Stress auslösen.

6 Ordne den Gesichtspunkten 1–3 jeweils die Begründungen und Beispiele (a–c) zu, mit denen man sie zu Argumenten ausbauen kann.

1. *Wer gut singen kann, sollte das auch zeigen.* → ______
2. *Fehler vor der Kamera werden von Tausenden gesehen.* → ______
3. *Schule und Ausbildung kommen zu kurz.* → ______

a) *Vor kurzem gab es eine Fernseh-Reportage mit Kandidaten für eine Casting-Show. Da wurde gezeigt, dass alle von der ersten Einladung über weitere Auswahlverfahren, Proben und Auftritte sehr viel Zeit aufwenden mussten, manchmal mehrere Tage hintereinander. Da blieb kaum noch Zeit für etwas anderes.*

b) *Es ist doch schön, wenn man ein Talent hat und damit andere begeistern kann. Das weiß jeder, der schon mal vor Publikum aufgetreten ist. Und als Sängerin oder Sänger erreicht man durch das Fernsehen ein Millionenpublikum.*

c) *Bei einem Auftritt auf der Schulbühne kann man schon mal einen Fehler machen, das merkt das Publikum vielleicht noch nicht einmal. Aber beim Fernsehen merkt man das deutlich. Bei einer Großaufnahme mit der Kamera fällt zum Beispiel sogar ein falscher Einsatz beim Playback-Singen sofort auf und jeder Zuschauer bekommt das mit, da kann man sich ganz schön blamieren.*

7 Baue in ähnlicher Weise ein weiteres Argument aus deiner Gliederung von Aufgabe 4 gegen oder für Marisas Standpunkt aus. Du kannst dazu die Formulierungshilfen in der Randspalte nutzen.

Begründungen geben:
Das liegt daran, dass ...
Es ist doch ...
weil da denn darum
deshalb folglich nämlich

Beispiele anführen:
Ein Beleg dafür ist ...
Ein Beispiel dafür ist ...
Man liest oft ...
Vor kurzem ...

8 Schreibe die ausgebauten Argumente aus Aufgabe 6 neu auf und verbinde sie dabei mit einleitenden und überleitenden Formulierungen. Du kannst dazu die Formulierungshilfen in der Randspalte nutzen.

Einleiten:
Man sollte auch bedenken ...
Außerdem ...
Schließlich ...

Überleiten:
Andererseits ...
Man könnte vielleicht einwenden ...
Ich bin aber überzeugt davon, dass ...

*4. **Schritt:** Mit der Einleitung den Leser kurz auf das Thema einstimmen und die Fragestellung verständlich machen. Im Schluss den eigenen Standpunkt bekräftigen und die Fragestellung zum Thema eindeutig beantworten.*

9 Untersuche Marisas Einleitung:
a) Was nimmt sie zum Ausgangspunkt, um in das Thema einzuführen?
b) Wie greift sie das Thema noch einmal auf und leitet zum Hauptteil über?

Im Fernsehen werden Jugendliche manchmal dazu aufgefordert, sich für eine Castingshow zu bewerben. Viele finden das interessant, aber nach manchen Sendungen gibt es auch Kritik daran, wie dort mit jungen Leuten umgegangen wird. Eine solche Bewerbung sollte man sich also gut überlegen.

10 Schreibe in ähnlicher Weise eine Einleitung und führe dabei mit einem anderen Ausgangspunkt als bei Aufgabe 9 in das Thema ein. Du kannst die Hilfen in der Randspalte nutzen.

Ins Thema einführen:
- *mit einem Erlebnis*
- *mit einer Beobachtung*
- *mit einer Information aus Zeitung, Fernsehen ...*
- *mit einer allgemein bekannten Tatsache*
- *mit einem aktuellen Ereignis*
- *mit einer (wissenschaftlichen) Untersuchung*

11 Untersuche Marisas Schluss:
a) Wie leitet sie den Schluss ein?
b) Wie beantwortet sie die Fragestellung zum Thema?
– Entscheidet sie sich eindeutig für die Teilnahme oder dagegen?
– Oder nimmt sie einen vermittelnden Standpunkt dazwischen ein?
Markiere Formulierungen, an denen man das merkt.

Zusammenfassend kann ich sagen, dass Castingshows für die teilnehmenden Jugendlichen wirklich nicht unproblematisch sind. Ich würde aber nicht einfach von einer Teilnahme abraten. Es hängt schließlich sehr von der Bewerberin oder dem Bewerber ab, ob man gut genug ist und sich das alles zutraut. Auf jeden Fall sollte man sich vorher gründlich informieren.

12 Formuliere den Schluss für eine Erörterung, in der sich der Schreiber eindeutig für oder gegen die Teilnahme an einer Castingshow entschieden hat.

13 Stell dir vor, du wärest eindeutig für die Teilnahme an einer Castingshow.
a) Überlege zunächst, was sich dann im Text ändern müsste:
– in der Anordnung der Blöcke und der Argumente in den Blöcken,
– in der Art, wie die Argumente eingeleitet werden,
– in der Darstellung des eigenen Standpunkts am Schluss.
b) Schreibe den erörternden Text jetzt von diesem Standpunkt aus.

Zu einem strittigen Thema Stellung nehmen

Saskia möchte bei einer Castingshow mitmachen. Ihr Freund Miki kennt sie sehr gut und möchte ihr in einem Brief davon abraten.

Schreibe Mikis Brief an Saskia. Gehe so vor:
a) Formuliere eine Einleitung, in der du den Anlass des Briefes und deine Position verdeutlichst.
b) Begründe deine Position, indem du die ausgewählten Aspekte zu Argumenten ausbaust.
c) Greife ein Gegenargument auf und entkräfte es.
d) Formuliere einen Schluss, in dem du noch einmal deine Position bekräftigst und deinen Rat verdeutlichst.

1. Schritt: *Gesichtspunkte sammeln, auswählen und anordnen*

Miki notiert zunächst stichpunktartig, welche Gesichtspunkte er bei seinem Brief berücksichtigen könnte. Darunter sind auch mögliche Einwände, die Saskia haben könnte:

1. Saskia kann gut singen
2. hat schon Auftritte in der Schule gehabt
3. ist vor Auftritten immer sehr nervös / Lampenfieber
4. Fehler vor der Kamera werden von Tausenden gesehen
5. kann in eine unangenehme Rolle gedrängt werden (Show)
6. könnte dadurch berühmt werden
7. stärkt das Selbstbewusstsein, wenn es klappt
8. muss sich gegen viele durchsetzen / braucht gute Nerven
9. möglich, wenn Eltern und Freunde sie unterstützen
10. gibt auch andere Wege zum Erfolg

1 Lies die Gesichtspunkte in der Liste.
- Markiere die Gesichtspunkte, die deine Position besonders stützen können.
- Markiere einen wichtigen Einwand von Saskia, den du aufgreifen und entkräften möchtest.

2 Trage drei Gesichtspunkte für deine Position in die Tabelle ein. Lies auch die Hinweise im Kasten.

Bei einem **argumentierenden Brief** möchte man den Adressaten vom eigenen Standpunkt überzeugen. Das wichtigste Argument steht dann am Ende. Zusätzlich kann man am Anfang oder am Ende ein mögliches Gegenargument aufgreifen und entkräften.

(starker Gesichtspunkt)

(stärkerer Gesichtspunkt)

(stärkster Gesichtspunkt)

2. Schritt: *Gesichtspunkte zu überzeugenden Argumenten ausbauen*

3 Markiere in Mikis Liste (S. 52) den Gesichtspunkt, der hier verdeutlicht wird. Markiere in dem Textausschnitt das Beispiel oder die Begründung, womit das Argument ausgebaut ist.

Du bist doch vor einem Auftritt jedes Mal total nervös und traust dich kaum auf die Bühne. Ich habe das besonders deutlich gemerkt, als du vor deinem letzten Soloauftritt richtige Bauchkrämpfe bekommen hast. Wie willst du dann einen Fernsehauftritt überstehen?

4 Baue in ähnlicher Weise einen von dir ausgewählten Gesichtspunkt zum Argument aus (Zusatzblatt). Du kannst dazu die Vorschläge am Rand nutzen.

Gesichtspunkte zu Argumenten ausbauen:
Ich habe einige Castingshows gesehen... / gelesen, was in der Zeitung stand ...
Zum Beispiel ...
Vor kurzem hat eine Jugendzeitschrift untersucht ...

3. Schritt: *Gegenargumente aufgreifen und entkräften*

5 Untersuche das folgende Beispiel für das Entkräften eines Einwands:
- Markiere den Einwand in Mikis Liste (S. 52), auf den Bezug genommen wird.
- Markiere, die Formulierung, mit der der Einwand eingeleitet wird.
- Markiere das Wort, mit dem die Entkräftung eingeleitet wird.

Du könntest natürlich sagen, dass du Erfahrung mit Auftritten in der Öffentlichkeit hast, weil du in der Schule schon häufiger mit viel Erfolg allein oder in einer Gruppe gesungen hast. Aber solch eine Castingshow ist etwas ganz anderes. Da tritt man nicht in einer vertrauten Umgebung vor Leuten auf, die einen sowieso schon gut finden, das ist knallharte Konkurrenz!

6 Entkräfte in ähnlicher Weise einen von dir ausgewählten Einwand (Zusatzblatt). Du kannst die Formulierungsvorschläge am Rand nutzen:

Einwände entkräften:
Du könntest vielleicht einwenden ...
Aus deiner Sicht ...
Ich kann mir vorstellen, dass du ...
Möglicherweise ...
Aber ich glaube ...
Ich bin aber überzeugt davon, dass ...
Andererseits ...
Da muss ich aber sagen ...

4. Schritt: *Den argumentativen Brief verfassen*

7 Lege in einem Schreibplan fest, was in die Einleitung, in den Hauptteil und in den Schluss gehört. Übernimm den begonnenen Schreibplan und ergänze die fehlenden Angaben:

Einleitung:
– Anlass des Briefes nennen, eigene Position erwähnen

Hauptteil:
– Drei Argumente ...
– Das stärkste Argument ...
– Gegenargument ...

Schluss:
– Eigene Position bekräftigen

8 Schreibe den Brief. Nutze dazu deine Vorarbeiten.

Einen informativen Text verfassen

In einer Schule, die deiner Schule ähnlich ist, aber noch keinen eigenen Namen hat, soll über einen solchen Namen entschieden werden. Einer der Vorschläge, die bei der Auswahlgruppe eingegangen sind, lautet „Erich-Kästner-Schule". Stell dir vor, dass du gebeten worden bist, über den Schriftsteller Erich Kästner einen informativen Text zu verfassen, der der Auswahlgruppe aus Schülern, Lehrkräften und Eltern als Entscheidungshilfe dienen kann. Damit du diese Aufgabe erfüllen kannst, bekommst du eine Materialsammlung, auf deren Grundlage du deinen informativen Text verfassen sollst.

***1. Schritt:** Vorüberlegungen zum geplanten Text anstellen*

1 Denke darüber nach, was du beim Verfassen deines Textes besonders beachten musst.
- Was weißt du schon über Erich Kästner?
- Was interessiert dich an diesem Schriftsteller besonders?
- Worauf musst du achten, wenn du einen informativen Text schreiben willst?
- Was ist das Ziel deines Textes?
- An wen richtet sich dein Text?
- Welche Erwartungen an den Text haben die Leserinnen und Leser in Bezug auf den Inhalt und auf die Art und Weise, wie der Text geschrieben ist?

***2. Schritt:** Sich sachkundig machen, wichtige Textstellen markieren, Stichworte notieren*

2 Lies die Materialien **M1–M4** zweimal aufmerksam durch. Gib den Materialien *nach dem ersten Lesen* jeweils eine passende Überschrift. Markiere *beim zweiten Lesen* Textstellen, die dir für einen informativen Text über Erich Kästner wichtig erscheinen, und notiere mögliche Stichworte, die dir später beim Verfassen deines Textes helfen können.
- Welche Lebensdaten und Lebensorte willst du erwähnen?
- Welche besonderen Ereignisse aus Kästners Leben sollten in deinem Text unbedingt erwähnt werden?
- Welche seiner Bücher sollen hervorgehoben werden?
- Welche Zitate und Aussprüche des Schriftstellers willst du einbeziehen?

M 1

Überschrift: ______________________________

Erich Kästner wurde am 23. Februar 1899 in Dresden geboren. Er hatte ein sehr enges Verhältnis zu seiner Mutter, der er in seinen Büchern in vielen Mutterfiguren ein liebevolles Denkmal gesetzt hat. Erst nach dem Tod der Mutter begann ein herzliches Verhältnis auch zu seinem Vater. Ab 1906 hat Erich Kästner die Volksschule in Dresden besucht. Ab 1916 trat er in ein Lehrerseminar ein, da nicht genug Geld für eine höhere Schul- oder gar Universitätsausbildung vorhanden war. Von 1917 bis 1919 leistete er seinen Militärdienst. Danach machte er ein sogenanntes Kriegsabitur und begann in Leipzig zu studieren: Germanistik, Geschichte, Philosophie und Theatergeschichte.

Nach weiteren Studien in Rostock und Berlin kehrte er nach Leipzig zurück, wo er ab 1923 als Redakteur bei der Neuen Leipziger Zeitung arbeitete und erste Gedichte und andere Texte in verschiedenen Zeitschriften veröffentlichte. 1925 erhielt er den Doktortitel mit einer Arbeit über Friedrich den Großen. 1926 schrieb er aus Leipzig in einem Brief an seine Mutter: *„Wenn ich 30 Jahre bin, will ich, dass man meinen Namen kennt. Bis 35 will ich anerkannt sein. Bis 40 sogar ein bisschen berühmt."*
Ab 1927 war Kästner dann in Berlin und arbeitete als freier Mitarbeiter bei Zeitungen und Zeitschriften. Weil Erich Kästner niemals einen Hehl aus seiner kritischen Haltung gegenüber den Nationalsozialisten machte, erhielt er nach deren Machtergreifung 1933 schon bald ein Veröffentlichungsverbot. Im Oktober 1935 wurden alle seine Bücher auf die *Liste des schädlichen und unerwünschten Schrifttums* gesetzt. Bei der Verbrennung von Büchern am 10. Mai 1942 wurden auch Kästners Bücher mit verbrannt. Im Jahr 1943 erhielt Kästner ein endgültiges Schreibverbot. Kästner emigrierte aber nicht ins Ausland – wie viele seiner ebenfalls verbotenen und verfolgten Kollegen –, sondern blieb in Deutschland. Warum er sich so verhielt, hat er selbst in einem kleinen Gedicht begründet: *„Ich bin ein Deutscher aus Dresden in Sachsen. / Mich lässt die Heimat nicht fort. / Ich bin wie ein Baum, der – in Deutschland gewachsen – / wenn's sein muss, in Deutschland verdorrt."*
Nach dem Kriegsende im Mai 1945 ging Erich Kästner nach München, schrieb dort weitere Bücher und gab von 1945 bis 1949 die Jugendzeitschrift Pinguin heraus. Das Motto für diese Zeitschrift hat er auf dem Titelblatt so formuliert: *„Pinguin ist mein Name. Ich rede, wie mir der Schnabel gewachsen ist. Ich lache, wie es mir gefällt. Ich will mich anfreunden mit all denen, die jung sind und sich jung fühlen. Ich liebe das Leben und alles, was lebendig ist ... Ich will euch begeistern für all das, was wir tun können, um uns selbst ein besseres Leben zu schaffen."*
1957 wurde Kästners Sohn Thomas geboren. Sein letztes Buch erschien im Jahr 1967. Nach einer langen und schweren Krebserkrankung starb Erich Kästner am 29. Juli 1974 in München. Noch kurz vor seinem Tod hatte er sein Einverständnis gegeben, ein Kinderdorf nach ihm zu benennen: das Erich-Kästner-Kinderdorf. Ein besonders bekannter Ausspruch Kästners, nach dem er auch selbst gelebt hat, lautet: *„Es gibt nichts Gutes – außer man tut es."*

emigrieren: *auswandern*

M 2

Überschrift: ______________________________

Kästners erster Kinderroman „Emil und die Detektive" erschien 1929. Ein Jahr später, 1930, schrieb er seinen Roman „Fabian" und sein zweites Kinderbuch „Pünktchen und Anton". Im selben Jahr wurde „Emil und die Detektive" zum ersten Mal verfilmt. 1932 veröffentlichte Kästner sein drittes Kinderbuch „Der 35. Mai oder Konrad reitet in die Südsee". Das vierte Kinderbuch „Das fliegende Klassenzimmer" erschien im Jahr 1933, in dem in Deutschland die Nationalsozialisten an die Macht kamen. Sein nächstes Kinderbuch „Emil und die drei Zwillinge" erschien deshalb 1935 nicht mehr in Deutschland, sondern im deutschsprachigen Ausland. Nach dem Ende des Zweiten Weltkriegs erschienen im Jahr 1949 die Bücher „Die Konferenz der Tiere" und „Das doppelte Lottchen", was zwei Jahre später verfilmt wurde. 1954 entstand das Drehbuch für die Verfilmung von „Das fliegende Klassenzimmer". Ein Jahr später, 1955, begann der Schriftsteller mit seiner Autobiographie für Kinder, die 1957 unter dem Titel „Als ich ein kleiner Junge war" veröffentlicht wurde. 1963 veröffentlichte Kästner den Kinderroman „Der kleine Mann" und 1967 die Fortsetzung „Der kleine Mann und die kleine Miss". Dies war sein letztes Buch.

M 3 Überschrift: ____________________

Bekannt sind nicht nur die Bücher von Erich Kästner, sondern auch die Buchcover und die Illustrationen, die ohne Zweifel großen Anteil am Erfolg der Bücher hatten. Sie stammen von Walter Trier, einem im Jahr 1890 in Prag geborenen Zeichner und Illustrator. Nachdem er durch seine Zeichnungen in mehreren Zeitschriften schon bekannt war, wurde er durch seine Illustrationen zu den Kinderbüchern von Erich Kästner richtig berühmt. Die Zusammenarbeit mit Kästner begann 1929 mit der Illustration des ersten und wohl berühmtesten Kinderbuchs von Erich Kästner, *Emil und die Detektive*. Das Cover dieses Buches erschien im Jahr 1999 sogar auf einer Briefmarke, und zwar zum Gedenken an den 100. Geburtstag von Erich Kästner. Alle seine Zeichnungen signierte Walter Trier in Druckschrift in der rechten unteren Ecke. Wegen der Machtergreifung durch die Nationalsozialisten emigrierte der Zeichner, der einer jüdischen Familie entstammte, Ende 1936 nach London und 1947 nach Kanada, wo er 1951 gestorben ist. Erich Kästner hat ihn so charakterisiert: *„Alles, was er zeichnete und malte, lächelte und lachte, sogar der Schrank und der Apfel, die Wanduhr und der Damenhut. Alles war und machte heiter. Er sah die Bosheit und wurde nicht böse. Er sah die Dummheit und blieb gelassen. Er sah die Welt, wie sie war, und lächelte sie sich zurecht."*

M 4 Überschrift: ____________________

Der folgende Text enthält Auszüge aus dem Vorwort, das Erich Kästner für sein Buch „Als ich ein kleiner Junge war" geschrieben hat.

Liebe Kinder und Nichtkinder!

In diesem Buche will ich Kindern einiges aus meiner Kindheit erzählen. Nur einiges, nicht alles. Sonst würde es eines der dicken Bücher, die ich nicht mag, schwer wie ein Ziegelstein, und mein Schreibtisch ist ja schließlich keine Ziegelei, und überdies: Nicht alles, was Kinder erleben, eignet sich dafür, dass Kinder es lesen! Das klingt ein bisschen merkwürdig. Doch es stimmt. Ihr dürft mir's glauben.
Dass ich ein kleiner Junge war, ist nun fünfzig Jahre her, und fünfzig Jahre sind immerhin ein halbes Jahrhundert. (Hoffentlich hab ich mich nicht verrechnet!) Und ich dachte mir eines schönen Tages, es könne euch interessieren, wie ein kleiner Junge vor einem halben Jahrhundert gelebt hat. (Auch darin hab ich mich hoffentlich nicht verrechnet.)
Damals war ja so vieles anders als heute! Ich bin noch mit der Pferdebahn gefahren. Der Wagen lief schon auf Schienen, aber .er wurde von einem Pferde gezogen, und der Schaffner war zugleich der Kutscher und knallte mit der Peitsche. Als sich die Leute an die „Elektrische" gewöhnt hatten, wurden die Humpelröcke Mode. Die Damen trugen ganz lange, ganz enge Röcke. Sie konnten nur winzige Schrittchen machen, und in die Straßenbahn klettern konnten sie schon gar nicht. Sie wurden von den Schaffnern und anderen kräftigen Männern, unter Gelächter, auf die Plattform hinaufgeschoben, und dabei mussten sie auch noch den Kopf schräg halten, weil sie Hüte trugen, so groß wie Wagenräder, mit gewaltigen Federn und mit ellenlangen Hutnadeln und polizeilich verordneten Hutnadelschützern!

Damals gab es noch einen deutschen Kaiser. Er hatte einen hochgezwirbelten Schnurrbart im Gesicht, und sein Berliner Hof-Friseur machte in den Zeitungen und Zeitschriften für die vom Kaiser bevorzugte Schnurrbartbinde Reklame. Deshalb banden sich die deutschen Männer morgens nach dem Rasieren eine breite Schnurrbartbinde über den Mund, sahen albern aus und konnten eine halbe Stunde lang nicht reden. [...]

Ja, ein halbes Jahrhundert ist eine lange Zeit. Aber manchmal denk ich: Es war gestern. Was gab es seitdem nicht alles! Kriege und elektrisches Licht, Revolutionen und Inflationen, lenkbare Luftschiffe und den Völkerbund, die Entzifferung der Keilschrift und Flugzeuge, die schneller sind als der Schall! Doch die Jahreszeiten und die Schularbeiten, die gab es immer schon, und es gibt sie auch heute noch. Meine Mutter musste zu ihren Eltern noch „Sie" sagen. Aber die Liebe zwischen Eltern und Kindern hat sich nicht geändert. Mein Vater schrieb in der Schule noch „Brod" und „Thür". Aber ob nun Brod oder Brot, man aß und isst es gerne. Und ob nun Thür oder Tür, ohne sie kam und käme man nicht ins Haus. Fast alles hat sich geändert, und fast alles ist sich gleichgeblieben. [...]

„Seitdem sind mehr als fünfzig Jahre vergangen", erklärt nüchtern der Kalender, dieser hornalte, kahle Buchhalter im Büro der Geschichte, der die Zeitrechnung kontrolliert und, mit Tinte und Lineal, die Schaltjahre blau und jeden Jahrhundertbeginn rot unterstreicht. „Nein!" ruft die Erinnerung und schüttelt die Locken. „Es war gestern!" und lächelnd fügt sie, leise, hinzu: „Oder allerhöchstens vorgestern." Wer hat unrecht?

Beide haben recht. Es gibt zweierlei Zeit. Die eine kann man mit der Elle messen, mit der Bussole und dem Sextanten. Wie man Straßen und Grundstücke ausmisst. Unsere Erinnerung aber, die andere Zeitrechnung, hat mit Meter und Monat, mit Jahrzehnt und Hektar nichts zu schaffen. Alt ist, was man vergessen hat. Und das Unvergessliche war gestern. Der Maßstab ist nicht die Uhr, sondern der Wert. Und das Wertvollste, ob lustig oder traurig, ist die Kindheit. Vergesst das Unvergessliche nicht! Diesen Rat kann man, glaub ich, nicht früh genug geben.

Elle: *altes Längenmaß, 60–80 cm*

Bussole: *Kompass*

Sextant: *astronomisches Instrument zur Winkelmessung*

3. Schritt: Eine Überschrift finden und einen Einleitungsteil für den informativen Text verfassen

3 Gib deinem Text eine passende Überschrift, die zum Lesen motiviert, und formuliere Einleitungssätze, in denen du dein Thema und die Ziele, die du mit deinem Text verfolgst, vorstellst.

Meine Überschrift: ______________________________

Mein Entwurf für die Einleitungssätze:

____

____

____

__4. Schritt:__ Über das Thema informieren, das Thema in einem Schreibplan gliedern und ausführlich entfalten

4 Stelle anhand der Materialien ausführlich dar, wer Erich Kästner war und was er in seinem Leben geleistet hat. Notiere in dem folgenden Schreibplan zunächst mögliche Gliederungspunkte für deinen Text und ergänze sie durch Stichworte, die jeweils den geplanten Inhalt andeuten.

Mögliche Gliederungspunkte:

1. ______________________________

Stichworte zu Punkt 1:

____

____

____

2. ______________________________

Stichworte zu Punkt 2:

____

____

____

3. ______________________________

Stichworte zu Punkt 3:

____

____

____

→ *Hinweise und Beispiele, wie man Zitate wörtlich oder indirekt wiedergibt, findest du im Schülerband, S. 204 und 205.*

5 Notiere auch, welche Zitate bzw. Aussprüche von Erich Kästner du in deinem Text wörtlich verwenden willst. Wenn du die Aussprüche in den Materialien markierst und nummerierst, kannst du hier jeweils die entsprechenden Ziffern festhalten.

____

*5 **Schritt:** Den informativen Text im Zusammenhang schreiben*

6 Schreibe nun den Hauptteil deines informativen Textes über Erich Kästner. Orientiere dich dabei an deinen Gliederungspunkten, an deinen Stichworten und an den von dir markierten Stellen in den Materialien. Entscheide außerdem, an welchen Stellen du jeweils einen Ausspruch des Schriftstellers einfügen willst.

Tipp

Achte darauf, dass du deinen Text möglichst eigenständig ausarbeitest und nicht bloß aus den Materialien abschreibst.

Tipp

Denke noch einmal darüber nach, was aus den Materialien für deinen Text wirklich wichtig ist bzw. worauf du verzichten kannst, weil es nicht so wichtig ist.

6. Schritt: *Aus dem Textinhalt eine Empfehlung ableiten*

7 Begründe am Ende deines Textes überzeugend, warum Erich Kästner sich als „Namenspatron“ der Schule besonders eignet.

Einleitungssatz: ____________________

Erster Grund: ____________________

Zweiter Grund: ______________________________

____

Dritter Grund: ______________________________

____

*7. **Schritt:** Die Quellen für deinen Text angeben*

8 Notiere unter deinem Text, welche Quellen du zum Verfassen des Textes benutzt hast (z. B.: Hinweis auf die verwendeten Materialien).

____

____

____

____

*8. **Schritt:** Den Text überprüfen und evtl. überarbeiten*

9 Überprüfe deinen Text anhand der folgenden Checkliste und überarbeite ihn, wenn dies an bestimmten Stellen nötig ist.

- Hast du deinen Text eigenständig formuliert und bloßes Abschreiben aus den Materialien vermieden?
- Passen die drei Teile deines Textes (Einleitungssätze – Hauptteil – Empfehlung am Schluss) inhaltlich gut zueinander?
- Ist der Hauptteil des Textes klar gegliedert? Hat er einen „roten Faden"?
- Solltest du den Text vielleicht an einigen Stellen noch etwas kürzen, um ihn „griffiger" zu machen?
- Hast du deinen Text am Ende in einer begründeten Empfehlung zusammengefasst, die die Auswahlgruppe davon überzeugen kann, die Schule nach Erich Kästner zu benennen?
- Hast du bei deinen Formulierungen die Adressaten des Textes, die Lehrkräfte, die Eltern und die beteiligten Schülerinnen und Schüler, hinreichend beachtet?
- Sind die einzelnen Sätze in deinem Text abwechslungsreich formuliert?
- Ist dein Text grammatisch korrekt und fehlerfrei?

*9. **Schritt:** Einen Reflexionstext entwerfen*

10 Blicke abschließend auf deine Arbeit zurück und informiere deine Mitschülerinnen und Mitschüler darüber, wie du beim Schreiben deines informativen Textes vorgegangen bist.

→ Leitfragen und Tipps für deinen Reflexionstext findest du im Schülerband, S. 113 (Aufgaben 6 und 7) und 117 (Aufgabe 7).

Einen Text sprachlich überarbeiten

Auf den folgenden Seiten kannst du Strategien zur Verbesserung von Texten anwenden (S. 62/63) und Aufgaben lösen, wie sie in einer schriftlichen Überprüfung vorkommen können (S. 64–67).

1 Lies zunächst die Geschichte „Begegnung“ auf Seite 256 im Schülerband.

2 Überarbeite nun die Gedanken eines Schülers zu dieser Geschichte.
Die Textschwächen sind in den einzelnen Sätzen markiert.
Führe die in der Randspalte angegebenen Bearbeitungshinweise durch.

umformen (Nebensatz bilden)

(1) *An dem Text beeindruckt vor allem sein Humor und zugleich seine Spannung.*

____

____

umstellen

(2) *Er will den Leser aber auch zum Nachdenken anregen.*

____

umformen (Nebensatz bilden)

(3) *Vielleicht ist die Erzeugung von Nachdenklichkeit überhaupt die wichtigste Absicht des Erzählers.*

____

____

ersetzen (durch Pronomen)
umformen (Nebensatz bilden)

(4) *Der Erzähler macht seinen Text sehr spannend und anschaulich durch eine Reihe von Adjektiven und Spannungsmachern.*

____

____

umstellen

(5) *Er baut von Anfang an eine unheimliche Atmosphäre auf.*

____

____

umformen (Aktiv: Ich-Erzähler)
einfügen (Adjektive: leer, halbdunkel ...)

(6) *In diesem Kurztext wird zunächst geschildert, wie er als Autofahrer durch die Berliner Straße fährt.*

____

____

(7) *Es ist kurz vor Mitternacht, die Stadt ist ruhig und es befindet sich kaum noch jemand auf den Straßen.* — *umstellen*

(8) *Er muss an einer roten Ampel anhalten.* — *ersetzen*, *umstellen*

(9) *Er sieht dort plötzlich eine aus dem Kanaldeckel herauskriechende Ratte.* — *umstellen*, *umformen (Nebensatz)*

(10) *Er fährt bei Grün weiter, die Ratte läuft unbeirrt vor seinem Wagen her.* — *umformen (Sätze verbinden: als, während, indem …)*

(11) *Er sieht dann, wie sie in einem Vorgarten verschwindet.* — *umstellen*

(12) *Er denkt dabei an einen wissenschaftlichen Bericht, in dem er las, dass es diesen „übel beleumundeten Nager" noch gibt, wenn wir Menschen schon längst nicht mehr leben.* — *umstellen*, *ersetzen (andere Zeitformen: Perfekt, Futur I)*

(13) *Er scheint am Ende der Geschichte verwandelt zu sein.* — *ersetzen*

(14) *Er setzt „mit einem nagenden Unterlegenheitsgefühl" die Fahrt fort.* — *umstellen*

1 Lies zunächst die Kurzgeschichte „Streuselschnecke“ auf Seite 6.

2 Lies nun die folgende Interpretation eines Schülers zu dieser Kurzgeschichte. Mache am Rand erste Anmerkungen und Notizen zur Textüberarbeitung. Du kannst dazu die Abkürzungen zur Textkorrektur verwenden (S. 65 unten).

Die geschichte „Streuselschnecke“ wurde von Julia Franck verfast. Es geht darin um ein Mädchen das zum Ersten mal Kontakt zum Vater bekommt.

In der Geschichte erzählt eine Ich-Erzählerin aus ihrer Sicht wie sie ihren Unbekannten Vater trifft. Da ist die Ich-Erzählerin 14 Jahre alt. Die Ich-Erzählerin ist bei ihrer Familie abgehauen und wohnt bei irgendwelchen Typen in Berlin. Nachdem der Vater sie angerufen hat, unternehmen sie einiges, aber obwohl sie ihn ab und zu besucht, bekommen sie kein engeres Verhältnis zueinander, bis der Vater zwei Jahre später todkrank wird. Sie besucht ihn im Krankenhaus, bringt ihm Streuselschnecken und geht zu seiner Beerdigung.

Die Hauptfiguren sind die Ich-Erzählerin und ihr Vater. Zuerst sind die Hauptfiguren sich ziemlich fremd. Die Ich-Erzählerin bezeichnet ihn nur als der Mann oder er. Erst im letzten Satz nennt sie ihn meinen Vater. Sie findet ihn auch irgendwie cool und sagt, dass er ihr „nicht unsympathisch“ ist. Später, als er krank ist, wird deutlich, dass sie sich näher gekommen sind. Das wird aber nicht direkt gesagt. Man sieht es an ihrem Verhalten bei den Besuchen im Krankenhaus. Wirklich deutlich wird es, als sie ihm die gewünschten Streuselschnecken backt, und zwar gleich zwei Bleche voll.

Die Geschichte ist sehr nüchtern und sachlich erzählt, wie ein Bericht. Das sieht man zum Beispiel an Zeile 8-10: Wir verabredeten uns. Er trug Jeans, Jacke und Hose. Ich hatte mich geschminkt. Die Erzählerin erwähnt nie, was sie fühlt. Das wirkt, als ob sie sehr selbstständig, aber auch sehr hart gegen sich selbst ist.

Ich meine, die zentrale Aussage der Geschichte ist, dass es schlecht für ein Kind ist, wenn es schon früh von seiner Familie getrennt lebt, sodass es keine normale Beziehung zu den Eltern bekommen kann, vor allem wenn es den Vater kaum kennt.

3 Hier folgt eine Aufgabenstellung zur sprachlichen Überarbeitung dieser Interpretation, wie sie dir auch in einer Prüfung begegnen könnte:
- Verschaffe dir zunächst einen Überblick über die gesamte Aufgabenstellung (S. 65–67).
- Bearbeite dann die Aufgabenstellung Schritt für Schritt.

Während einer Schreibkonferenz hat ein Schüler die folgenden Überarbeitungstipps zu seiner Interpretation der Geschichte „Streuselschnecke" erhalten:

Sätze und Ausdrücke, die aus der Kurzgeschichte zitiert werden, muss man in Anführungszeichen setzen.

Mir kommen manche Stellen zu kompliziert vor. Da könnte man manchmal aus den vielen Nebensätzen einzelne Hauptsätze machen.

Ich finde, umgangssprachliche Ausdrücke gehören nicht in eine Interpretation.

Es gibt einige Wörter, die nacheinander öfter wiederholt werden. Dafür sollte man andere Wörter verwenden. Oder sie einfach streichen.

Am Anfang kommen Zeichensetzungs- und Rechtschreibfehler vor.

1. Überarbeite den Text. Gehe dabei so vor:

a) Spüre die Textstärken und -schwächen im Text auf. Markiere sie unterschiedlich.

b) Kennzeichne am Rand, um welche Arten von Fehlern oder Problemen es sich handelt. Verwende dazu die folgenden Abkürzungen:

Abkürzungen zur Textkorrektur

***R** – Rechtschreibfehler*
***Z** – Zeichensetzungsfehler*
***W** – Wiederholung*
***U** – Umgangssprache*
***S** – Zu lange Sätze*

c) Schreibe nun eine überarbeitete Form dieser Interpretation.
- *Was dich überzeugt, kannst du abschreiben.*
- *Was fehlerhaft ist, solltest du überarbeiten.*
- *Was du selbst zu dem Text noch sagen möchtest, kannst du hinzufügen.*

2. Blicke abschließend auf deine Textüberarbeitung zurück:

Stelle in wenigen Sätzen dar, welche Änderungen du am Text vorgenommen hast, und erläutere und begründe, was du damit erreichen willst.
Nutze Formulierungshilfen in der Randspalte.

Formulierungshilfen:
Zunächst habe ich ...
Dadurch ...
In Abschnitt ...
Weil ...
An den Stellen, wo ...
Damit ...
Dadurch, dass ich ...
Wenn ...

Über Sprache nachdenken

In Prüfungen müssen häufig auch Aufgaben zur Grammatik und zum Wortschatz bearbeitet werden. Auf den folgenden Seiten findest du dazu typische Aufgaben, die vorkommen könnten.

1 Lies den Text „Dortmund ist meine Heimat“:
Warum liebt Freddie Röckenhaus seine Heimatstadt?

„Dortmund ist meine Heimat.“

Wenn Freddie Röckenhaus von seiner Heimatstadt Dortmund erzählt, dann geht es um Liebe. Das Herrliche seiner Kindheit war, sagt er, dass er einerseits die Energie einer Stahlstadt genoss, dass er andererseits gleich im Grünen war, wenn er die Wohnung verließ. Tatsächlich ist das Ruhrgebiet auch eine grüne Region. Stahlwerke, Häuser, Wälder, Zechen, Felder, Kokereien, Parks bildeten hier früher ein Mosaik. Inzwischen sind Zechen und Stahlwerke aus Dortmund verschwunden.
Freddie Röckenhaus studierte im schönen Münster und hatte Heimweh. Er arbeitete im schönen Hamburg und hatte Heimweh. Die anderen Städte erlebte er als Nicht-Dortmund und versuchte, so oft wie möglich in seiner Heimatstadt zu sein. In Hamburg konnte er gegenüber Kollegen stundenlang und zunehmend verzweifelt das Lebenswerte seiner Stadt preisen, das viele Grün, die herzige Verquatschtheit der Menschen, die Spiele im Stadion von Borussia Dortmund. Nach wenigen Jahren zog er zurück nach Dortmund. Nun dreht er Filme und schreibt für die „Süddeutsche Zeitung“ über die Borussia.

2 Bearbeite die Aufgaben 1 bis 10.

1. Markiere im Text alle Prädikate.
2. Welche drei Zeitformen kommen im Text vor?
   Kreuze die richtigen Antworten an und schreibe ein Beispiel dazu:

☐ Präsens: ______________________________

____

☐ Futur: ______________________________

____

☐ Perfekt: ______________________________

____

☐ Präteritum: ____________________

____

☐ Plusquamperfekt: ____________________

____

3. Begründe den Gebrauch der Zeiten:

a) „Tatsächlich ist das Ruhrgebiet auch eine grüne Region."

Der Satz steht im ____________________, weil ...

☐ ausgedrückt wird, was immer so ist.
☐ ausgedrückt wird, was in Zukunft geschieht.
☐ ausgedrückt wird, was in der Gegenwart passiert.
☐ über etwas Vergangenes berichtet wird.
☐ etwas Vergangenes mündlich erzählt wird.

b) „Nach wenigen Jahren zog er zurück nach Dortmund."

Der Satz steht im ____________________, weil ...

☐ ausgedrückt wird, was immer so ist.
☐ ausgedrückt wird, was in Zukunft geschieht.
☐ ausgedrückt wird, was in der Gegenwart passiert.
☐ über etwas Vergangenes berichtet wird.
☐ etwas Vergangenes mündlich erzählt wird.

c) „Nun dreht er Filme und schreibt für die ‚Süddeutsche Zeitung' über die Borussia."

Der Satz steht im ____________________, weil ...

☐ ausgedrückt wird, was immer so ist.
☐ ausgedrückt wird, was in Zukunft geschieht.
☐ ausgedrückt wird, was in der Gegenwart passiert.
☐ über etwas Vergangenes berichtet wird.
☐ etwas Vergangenes mündlich erzählt wird.

d) „Er arbeitete im schönen Hamburg und hatte Heimweh."

Der Satz steht im ____________________, weil ...

☐ ausgedrückt wird, was immer so ist.
☐ ausgedrückt wird, was in Zukunft geschieht.
☐ ausgedrückt wird, was in der Gegenwart passiert.
☐ über etwas Vergangenes berichtet wird.
☐ etwas Vergangenes mündlich erzählt wird.

4. „Das Herrliche seiner Kindheit war, sagt er, dass er einerseits die Energie einer Stahlstadt genoss, dass er andererseits gleich im Grünen war, wenn er die Wohnung verließ."

Ersetze „sagt er" durch eine passendere Formulierung:

☐ fragt er
☐ kritisiert er
☐ betont er
☐ beklagt er

5. Beschäftige dich genauer mit dem ersten Satz:

„Wenn Freddie Röckenhaus von seiner Heimatstadt Dortmund erzählt, dann geht es um Liebe."

a) Unterstreiche in diesem Satzgefüge den Nebensatz.

b) Um was für einen Nebensatz handelt es sich? Kreuze die richtige Lösung an:

☐ Relativsatz ☐ Temporalsatz
☐ Kausalsatz ☐ Objektsatz

6. Beschäftige dich auch genauer mit dem zweiten Satz:

„Das Herrliche seiner Kindheit war, sagt er, dass er einerseits die Energie einer Stahlstadt genoss, dass er andererseits gleich im Grünen war, wenn er die Wohnung verließ."

a) Was wird mit den unterstrichenen Adverbien (*einerseits ... andererseits*) ausgedrückt?

☐ Verneinung
☐ Steigerung
☐ Gegensatz

b) Welche der folgenden Adverbien kannst du dafür im Text noch einsetzen?

☐ weder ... noch ... ☐ je ... desto
☐ entweder ... oder ... ☐ zum einen ... zum anderen

7. Was drücken die Wiederholungen aus? Kreuze die richtige Lösung an.

„Freddie Röckenhaus studierte im schönen Münster und hatte Heimweh. Er arbeitete im schönen Hamburg und hatte Heimweh." (Z. 8–10)

☐ Obwohl die Städte schön sind, fehlt ihm seine Heimatstadt.
☐ Weil die Städte schön sind, studierte und arbeitete er dort.

8. Was drücken die folgenden Formulierungen aus? Was ist mitgemeint? Kreuze jeweils die richtige Antwort an.

a) „Stahlwerke, Häuser, Wälder, Zechen, Felder, Kokereien, Parks bildeten hier früher ein Mosaik“ (Z. 5–7)

☐ ... bildeten ein abwechslungsreiches Bild
☐ ... bildeten ein verwirrendes Durcheinander
☐ ... bildeten ein Muster aus Steinen

b) „die herzige Verquatschtheit der Menschen“ (Z. 14/15)

☐ Die Menschen nerven, denn sie reden zu viel.
☐ Die Menschen tratschen ständig über andere Leute.
☐ Die Menschen reden nur dummes Zeug miteinander.
☐ Die Menschen sind nett und reden deshalb viel miteinander.

c) „Die anderen Städte erlebte er als Nicht-Dortmund.“ (Z. 10/11)

☐ Freddie R. will nicht zurück nach Dortmund.
☐ Er vergisst Dortmund, wenn er in einer anderen Stadt ist.
☐ Er vermisst Dortmund, wenn er in einer anderen Stadt ist.
☐ Alle anderen Städte mag er – nur nicht Dortmund.

9. Begründe: Warum ist das unterstrichene Wort großgeschrieben?

„Das Herrliche seiner Kindheit war ...“ (Z. 2)

____

____

10. Denke über Satzzeichen nach:

„In Hamburg konnte er gegenüber Kollegen ... das Lebenswerte seiner Stadt preisen, das viele Grün, die herzige Verquatschtheit der Menschen, die Spiele im Stadion von Borussia Dortmund.“

a) Welches Satzzeichen passt noch an die Stelle des gelb unterlegten Kommas?
☐ ein Punkt
☐ ein Doppelpunkt
☐ ein Strichpunkt (Semikolon)

b) Gib eine Begründung:

____

____

Satzzeichen setzen und darüber nachdenken

Johannes lebt mit seinen Eltern und seinem Bruder auf einem abgelegenen Hof im Schwarzwald. In dem Bericht „Ich lebe (fast) wie früher" erzählt er über seinen Alltag. Du sollst diesen Text bearbeiten und dabei die Zeichensetzung üben.

1 Schreibe den ersten Abschnitt des Berichts ab:
- Setze die fehlenden Satzzeichen ein, damit er verständlicher wird.
- Achte auf die Großschreibung an Satzanfängen.

„Ich lebe (fast) wie früher"

Wir fahren zwar kein Auto aber wir haben Wassili und Max das sind unsere beiden Kutschpferde zusammen wiegen sie etwa 1,5 Tonnen und sind je anderthalb Meter groß wenn wir zum Einkaufen in den nächstgrößeren Ort müssen spannen wir sie einfach vor die Kutsche das kommt aber nicht so häufig vor denn die meisten Lebensmittel stellen wir selbst her Milch Eier Käse Kräuter Gemüse Obst oder Fleisch von unseren eigenen Tieren

2 Lies die Fortsetzung des Berichts und denke über die Zeichensetzung nach. Schreibe jeweils die Nummer der passenden Zeichensetzungsregel von Seite 73 in die Kästchen.

Wir leben auf einem uralten, ☐ abgelegenen Bauernhof im Schwarzwald. Wir – ☐ das sind meine Eltern, ☐ mein Onkel, ☐ mein älterer Bruder Elias und ich. Außerdem sieben Kühe, ☐ die Pferde Wassili und Max, ☐ 30 Milchziegen und ein paar Hühner. Auf unserem Hof gibt es keine Handys, ☐ keine Heizung, ☐ noch nicht mal einen Fernseher. Unsere Möbel sind aus dem 19. Jahrhundert, ☐ sogar unser Telefon und die Lichtschalter sind richtig alt: ☐ über 80 Jahre! ☐ Wir leben hier ein bisschen so, ☐ wie die Menschen vor hundert Jahren gelebt haben.

Und das mit voller Absicht: ☐ Meine Eltern finden, ☐ dass die meisten Menschen in zu großem Überfluss leben. Großstädte sind ihnen zu hektisch. Meine Eltern sagen, ☐ dass man auch glücklich sein kann, ☐ wenn man auf Luxus verzichtet und von dem lebt, ☐ was man selbst herstellt.

Zeichensetzungsregeln

1. Aufzählungen (Wörter, Sätze) werden durch Kommas getrennt.
2. Nebensätze werden durch Kommas vom Hauptsatz abgegrenzt.
3. Der Doppelpunkt steht vor Ankündigungen. Die Ankündigung ist ein vollständiger Satz (dann Großschreibung nach Doppelpunkt).
4. Der Doppelpunkt steht vor Ankündigungen. Die Ankündigung ist kein vollständiger Satz (dann Kleinschreibung nach Doppelpunkt).
5. Das Ausrufezeichen steht nach einer Aufforderung.
6. Das Ausrufezeichen steht nach einem Ausruf oder wenn man etwas betonen will.
7. Der Gedankenstrich kündigt etwas Zusätzliches an.

3 Lies den nächsten Abschnitt.
- Unterstreiche alle Nebensätze.
- Wende anschließend die Regel Nr. 2 an.

b)

Wir kochen und heizen mit Holz, das wir mit Wassili und Max aus dem Wald schleppen. Und im Winter wenn nachts das Feuer ausgeht wird es manchmal kalt. Mein Leben ist zwar altmodisch, aber es ist auch aufregend. Wenn ich auf einen der Hügel hinter unserem Haus klettere und mich umgucke sehe ich erst mal nichts. Dass der nächste Nachbar Hunderte Meter entfernt wohnt ist für mich ganz normal. Für mich und meine Familie ist das Leben hier aber oft auch hart. Jeder muss auf dem Hof mithelfen. Ich hasse nichts mehr als Wäsche aufzuhängen. Dafür melke ich gerne die Ziegen, treibe die Kühe von der Weide oder füttere die Pferde mit Heu. Meinem Bruder dagegen gefällt das einfache Leben nicht immer weil er manchmal lieber mit seinen Freunden in der Stadt abhängen würde. Immerhin gibt es jetzt einen Internetanschluss. Der ist auch wichtig für die Schule. Wenn Freunde uns besuchen dann müssen sie weit laufen. Kurz hinter der kleinen Stadt St. Blasien die nicht weit von uns entfernt liegt hört nämlich die asphaltierte Straße auf. Ab hier geht es nur noch zu Fuß weiter. Und immer bergauf.

4 Bestimme die Art der Nebensätze, indem du a), b), c) oder d) dazuschreibst:
a) Konditionalsatz
b) Relativsatz
c) Subjektsatz
d) Kausalsatz

Texte sprachlich überarbeiten

→ *Den Text „Gibs auf!“ findest du im Werkstattheft auf Seite 13.*

Patricia hat eine Interpretation zu Franz Kafkas Geschichte „Gibs auf!“ geschrieben. Ihre Lehrerin hat ihren Text korrigiert und Hinweise zur Überarbeitung gegeben. An diesem Beispiel kannst du noch einmal die Textüberarbeitung üben.

1 Lies Patricias Interpretation und die Hinweise der Lehrerin. Überlege dir Lösungen.

Interpretation: Franz Kafka, „Gibs auf!“

In der Geschichte „Gibs auf!“ von Franz Kafka handelt von einem Mann der zum Bahnhof muss. Er fragt ein Schutzmann nach dem Weg, welcher nur Gibs auf! erwiedert und sich dann von ihm abwendet.

Was stimmt in diesem Satz nicht? Formuliere ihn neu.

Hier fehlt ein Satzzeichen!

Endungsfehler

Das ist doch ein Zitat!

Rechtschreibfehler

In dieser Geschichte steht der Bahnhof für das Ziel, das er sucht. Das erkennt man daran, dass er dorthin möchte und sogar den Polizisten fragt. Während er den Bahnhof suchte, merkt er, dass seine Uhr verstellt ist, deshalb steht er unter Zeitdruck.

Überlege, wo du im weiteren Text „er“ durch „Mann“ ersetzen musst, damit dein Text verständlicher wird.

Hier hast du die Zeitform ohne Grund gewechselt!

Die Geschichte wird in der Ich-Perspektive erzählt; dadurch wirkt die Atmosphäre sehr persönlich und bezieht den Leser mit ein. Die Sprache ist ganz einfach, die Geschichte ist nicht leicht zu verstehen. Warum verhält sich der Polizist so seltsam und warum lacht er? Er müsste ihm doch helfen. Es geht nicht nur um einen Mann, der zum Bahnhof will. Dahinter steckt noch etwas anderes. Der Höhepunkt der Geschichte ist das Gespräch zwischen Mann und Schutzmann. Auf die Frage nach dem Weg antwortet der Schutzmann mit einer Gegenfrage. Der Schutzmann wundert sich über die Frage. Aber er sagt ihm nicht, was er machen soll. Er nimmt ihm sogar allen Mut, wenn er es sagt und sich abwendet. Beim Lesen der Geschichte hat der Leser viele Fragen. Der Leser fragt sich, was das alles zu bedeuten hat. Die Hauptaussage dieser Geschichte ist meiner Meinung nach, dass die Zeit sehr schnell vergeht und man die Zeit nutzen sollte. Man sollte sich nicht unter Druck setzen lassen. Man sollte versuchen, seinen Weg selbst zu finden. Kein anderer kann uns sagen, wo es lang gehen soll – das müssen wir selbst rauskriegen.

Hier musst du eine Konjunktion einsetzen. Drücke den Gegensatz aus.

Zitiere, was der Polizist sagt.

Was ist mit „es“ gemeint? Füge das Zitat ein.

Verbinde die Sätze und vermeide die Wiederholung.

Stelle das markierte Satzglied an den Satzanfang.

Verbinde die unterstrichenen Sätze mit einer Konjunktion.

Das klingt zu umgangssprachlich!

2 Überarbeite nun den Text. Ergänze die Lücken und setze das fehlende Satzzeichen:

Interpretation: Franz Kafka, „Gibs auf!"

__________ „Gibs auf!" von Franz Kafka handelt von einem Mann, der zum Bahnhof muss. Er fragt __________ Schutzmann nach dem Weg, welcher nur __________ __________ und sich dann von ihm abwendet.

In dieser Geschichte steht der Bahnhof für das Ziel, das __________ sucht. Das erkennt man daran, dass er dorthin möchte und sogar den Polizisten fragt. Während __________ den Bahnhof __________, merkt er, dass seine Uhr verstellt ist, deshalb steht er unter Zeitdruck.

Die Geschichte wird in der Ich-Perspektive erzählt; dadurch wirkt die Atmosphäre sehr persönlich und bezieht den Leser mit ein. Die Sprache ist ganz einfach, __________ die Geschichte ist nicht leicht zu verstehen. Warum verhält sich der Polizist so seltsam und warum lacht er? Er müsste __________ doch helfen. Es geht nicht nur um einen Mann, der zum Bahnhof will. Dahinter steckt noch etwas anderes.

Der Höhepunkt der Geschichte ist das Gespräch zwischen Mann und Schutzmann. Auf die Frage nach dem Weg antwortet der Schutzmann mit einer Gegenfrage: __________ __________. Der Schutzmann wundert sich über die Frage. Aber er sagt __________ nicht, was er machen soll. Er nimmt ihm sogar allen Mut, wenn er sagt __________ und sich auch noch lachend abwendet. Beim Lesen der Geschichte hat der Leser viele Fragen. __________, was das alles zu bedeuten hat.

__________ Hauptaussage dieser Geschichte, dass die Zeit sehr schnell vergeht und man die Zeit nutzen sollte. __________

____

____

Kein anderer kann uns sagen, wo es lang gehen soll – das müssen wir selbst __________.

Rechtschreibhilfen/ -strategien anwenden

Im Wörterbuch nachschlagen

Rechtschreibfehler finden und korrigieren

Bei vielen Prüfungen darfst du ein Rechtschreibwörterbuch nutzen. Dann ist es wichtig, dass du dich mit dem Wörter- und Regelverzeichnis eines Wörterbuches gut auskennst und beide Verzeichnisse gezielt einsetzen kannst.
Nutze deshalb für die anschließenden Aufgaben am besten ein Wörterbuch, das du wahrscheinlich auch während der Prüfungen zur Verfügung hast.

1 Der folgende Text enthält viele Rechtschreibfehler. Versuche, möglichst alle zu finden. Unterstreiche sie.

Kirchenmalerei – Steffi und das Gold

Steffi Bruha hat ihn verwirklicht, den Traum vom Beruf. Sie restaurirt, grundirt und vergoldet. Schlösser und Kirchen sind ihre Patienten.
Es hat gedauert, bis sie wußte, was ihr lag. „Nach dem schulabschluß habe ich eine ausbildung als Rechtsanwaltsgehilfin begonnen“, erzählte die Münchnerin. „Dass hat mir aber gar nicht gefallen.“ Sie brach ab und suchte sich eine Leerstelle als Schauhwerbegestalterin. „Das war schon mehr meine Welt“, enddeckte sie. Entlich konnte sie kreatif sein.

Aber nach Ende der Zweijährigen Ausbildung an der Berufsschule für farbe und gestaltung wurde sie nicht von ihrem Betrieb übernommen. Sie merkte, „wie schwierig es in dieser branche ist, einen Jobb zu bekommen,“ und auch, „das der Verdienst nicht so toll ist“. Deshalb beschloß sie, noch einmal in die Lehre zu gehen.
Lange brauchte sie da aber nicht mehr zu überlegen, was sie sonst interessirte. In ihrer alten Berufsschule war auch Kirchenmalerei angeboten worden, und sie hatte dort immer faszinirt verfolgt, was die Aufgaben der kirchenmahler waren. „Ich habe mich also in München als Kirchenmalerin beworben“, erzählt sie, „und es hat geklapt.“ Nach ihrer dreijährigen Ausbildung wurde sie übernommen. Sie arbeitet noch immer in der gleichen Firma und schwermt nach wie vor von ihrer Arbeit. Ihr gefellt, das sie sich stets mit neuen Aufgaben auseinander setzen und sich immer wieder neu auf die Arbeit ein stellen muss, aber auch, „das ich selbstständig arbeiten kann und das ergebniss meiner Arbeit direckt vor augen habe.“ Sie genießt es darüber hinaus, „mit so vielen schönen Dingen in Berührung zu kommen, hinter die Kulissen vieler historischer gebeude schauen zu können und über die Geschichte der gemeuer viel zu erfahren“.
„Mit einem Kollegen bin ich gerade dabei, die Gitter des Eingangsbereichs von Schloss Linderhof zu fergolden“, berichtet Steffi. „Die werden erst beim Schmid auseinander genommen, sand gestrahlt, wieder grundiert und zusammen gesetzt. In der Werkstatt müssen wir noch mal grundieren, dann den unterlegton für das Gold bestimmen und dieses auftragen.“ In Linderhof hat sie schon die fasade erneuert. Ein Kollege hat die stukvergoldung innen restauriert.

Lösungsstrategien anwenden: Regelteil und Wörterverzeichnis eines Wörterbuchs nutzen

Letztes Jahr hat sie ausserdem im Münchner Maximilianeum unter den Arkaden gearbeitet, dort Malerei rekonstruiert. „Man muss sich bei dieser Arbeit daraufbesinnen, wie dass einmal gemacht wurde, wie die den Pinsel geführt haben, wie man Licht und Schatten setzt und ähnliches.“ Im Vergangenen Winter hat sie in Burg Schwaneck Quadermalerei und Blattfries rekonstruiert. „Mommentan bin ich jedoch vor allem mit vergolden beschäftigt, aber das ändert sich immer mal wieder“, ergenzt sie. Wichtig ist ihr: „Man braucht uns. Alte gebeude müssen immer wieder her gerichtet werden, und dafür sind Fachleute nötig.“

2 Schreibe die Wörter richtig auf. Markiere jeweils die Fehlerstelle im Wort.

3 Schlage möglichst viele Wörter im Wörterverzeichnis des Rechtschreibwörterbuches nach. Nutze auch das Regelverzeichnis, um die Begründung für die richtige Schreibweise zu erfahren.

4 Vergleiche abschließend deine Korrekturen mit der Lösung im Lösungsteil. Achte besonders darauf, ob du versehentlich Wörter korrigiert hast, die gar nicht falsch geschrieben waren.

Tipp

Diese Korrektur kannst du auch gut mit einem Partner durchführen. Legt vorher fest, wie ihr zusammenarbeiten wollt. Ihr könnt auch die Angaben in „Wissen und Können“ (S. 294–296) nutzen.

Rechtschreibhilfen/ -strategien anwenden

Im Wörterbuch nachschlagen

Groß oder klein? Zusammen oder getrennt?

Obwohl Wörter ihrer Form nach nominalisiert sind und Merkmale von Nomen haben, werden sie in einigen Fällen kleingeschrieben. In manchen Fällen ist aber auch die Großschreibung zulässig.

1 Welche Ausdrücke in den folgenden Sätzen müssen klein- oder großgeschrieben werden? In einigen Fällen sind beide Schreibweisen zulässig. Lies im Wörter- und Regelverzeichnis deines Wörterbuchs nach und streiche nur den falschen Anfangsbuchstaben.

a) Mir wird A/angst und B/bange, wenn ich an die Prüfungen denke.
Er macht mir A/angst und B/bange, wenn er mich an die Prüfungen erinnert.

b) Wir werden eher F/freunde als F/feinde werden.
Ich weiß nicht, ob ich ihm nach dem Vorfall eher F/feind oder F/freund sein soll.

c) Wer hatte mal wieder R/recht mit dem Wetter?
Ständig pocht er auf sein R/recht.
Man kann ihm nichts R/recht machen.
Was R/recht ist, muss R/recht bleiben!

d) Sie ist doch S/schuld, dass wir den Bus verpasst haben.
Wenn irgendetwas nicht klappt, wird immer mir S/schuld gegeben.

e) Vielen D/dank für die Blumen!
Mir ist D/dank seines mutigen Eingreifens nicht sehr viel passiert.

f) Allen Warnungen zum T/trotz hat sie sich auf dieses Abenteuer eingelassen.
Sie machten sich T/trotz Regen und Sturm auf den Weg.

2 Hier findest du in Großbuchstaben Wörter und Ausdrücke,
- die man immer kleinschreiben muss,
- die immer großgeschrieben werden oder
- die man groß- und kleinschreiben darf:

*ALLES ANDERE DIE MEISTEN WENIGES UNTER ANDEREM
ZWISCHEN ARM UND REICH DAS SEINE DIE DEINEN VIELES
FÜR JUNG UND ALT ANDERES DAS IHRE VON NEUEM
VON FERN VON WEITEM AUF WEITERES SEIT LÄNGEREM
JENSEITS VON GUT UND BÖSE VON NAH UND FERN
BINNEN KURZEM VIELE TAUSEND MEHRERE HUNDERT
DURCH DICK UND DÜNN ÜBER KURZ ODER LANG VON KLEIN AUF*

a) Sortiere die Ausdrücke und schreibe sie geordnet und richtig auf. Übernimm dazu die Tabelle unten auf ein Zusatzblatt:

b) Suche in jedem Einzelfall nach einer Begründung. Nimm das Wörterbuch zu Hilfe.

c) Unterstreiche für die Wörter der mittleren Spalte (groß oder klein) die Schreibweise, die du bevorzugen möchtest.

d) Verwende einige Beispiele in Sätzen (auf einem Zusatzblatt).

immer klein	groß oder klein	immer groß
unter anderem	*alles Andere/andere*	*zwischen Arm und Reich*
...	...	...

Ein **Adjektiv in Verbindung mit einem adjektivisch gebrauchten Partizip** kann getrennt oder zusammengeschrieben werden, wenn bei der Verbindung keine übertragene Bedeutung vorliegt.

3 Welche der folgenden blau gedruckten Schreibweisen kannst du mit dieser Regel begründen? Markiere sie.

a) Von seinem Taschengeld wird nichts übrig bleiben.
Man kann sehen, dass sie für ihre Tanzpartnerinnen viel Sympathie übrighaben.
Das übrig gebliebene / übriggebliebene Taschengeld wird gespart.

b) Er wird noch groß herauskommen.
Diese Nachricht werden sie groß herausbringen.
Auf dem Plakat hat er die Gruppenergebnisse schön groß geschrieben.
Bei uns werden Zuverlässigkeit und Teamarbeit großgeschrieben.
Sie verfolgen einen groß angelegten / großangelegten Plan.

c) Ihre Hände sind von der Arbeit schwarz geworden.
Er will sich seine Haare schwarz färben / schwarzfärben.
Über das Ergebnis kann er sich nur schwarzärgern.
Er besitzt einen schwarz gestreiften / schwarzgestreiften Kater.

d) Der Redner hat schlecht geredet.
Er hat während seines Vortrags das Projekt unnötig schlechtgeredet.
Er trug eine schlecht sitzende / schlechtsitzende Krawatte.

4 Wie begründest du die anderen Zusammen- und Getrenntschreibungen und die anderen doppelten Schreibweisen? Nutze den Regelteil deines Rechtschreibwörterbuchs und notiere hier die Regeln in Kurzform:

5 Entscheide, wie du die Wörter und Wortverbindungen in den Klammern schreiben musst: klein oder groß, getrennt oder zusammen? Wenn mehrere Schreibungen möglich sind, entscheide dich für eine; notiere die andere mögliche Schreibweise jeweils darüber.

Die Suche nach (AUFSEHEN?ERREGENDEN) ______
Kleidungsstücken in (SUPER?MODERNEM) ______
Schnitt ist oft eine (ZEIT?RAUBENDE) ______,
(SCHWER?WIEGENDE) ______, manchmal sogar
(SCHWEIß?TREIBENDE) ______ Angelegenheit:
Nehme ich nun den (BUNT?KARIERTEN) ______,
(KNIE?LANGEN) ______ Rock oder den (EINFARBIG?ROTEN)
______ oder den (BUNT?GESTREIFTEN)
______ – oder doch den (GRÜN?WEIß)
______ (ENG?BEDRUCKTEN) ______?
Passt dazu meine (ZART?GEMUSTERTE) ______,
(ENG?ANLIEGENDE) ______ Bluse vom letzten Jahr?

Ich erinnere mich an ihr (LEBENS?FROHES) ______
Wesen, ihr (BRAUN?GELOCKTES) ______ Haar
mit der (ROT?GEFÄRBTEN) ______ Strähne,
an ihre (GRÜN?BLAUEN) ______ Augen, an den
(LEUCHTEND?ROTEN) ______ Armreif
und ihre (ROSA?FARBENE) ______ Henkeltasche,
an unseren (HEIß?GELIEBTEN) ______ Treffpunkt
auf der Eckbank vor dem (BLITZBLANK?FUNKELNDEN) ______
______ Kristallspiegel im Eiscafé.